WAC BUNKO

元駐ウクライナ大使

馬渕睦夫が読み解く

2025年

世界の真実

ディープステートは
トランプに敗れ、ついに自壊へ!

夫

WAC

はじめに

後世の歴史家は、２０２４年11月5日を世界が救済された日であると記録することでしょう。アメリカ大統領選挙においてトランプ大統領が復権しました。当選ではなく、復権と書いた理由こそ、歴史的な事実を踏まえた表現であるのです。

２０２０年11月の大統領選挙において、現職のトランプ大統領はバイデン民主党候補に圧勝しました。ところが、反トランプのディープステート（以下、ＤＳ）は前代未聞の不正選挙を画策し、大敗していたバイデンを大統領に据《す》えてしまいました。なぜ、こんな不正がまかり通ったのか、アメリカにおいては、トランプ大統領がこの検証を開始することになります。また、良心的な民主党関係者も国を挙げての検証作業に参加することになることでしょう。将来のアメリカ合衆国を建国の精神に立ち返させるために、国力を総動員しての客観的な検証が行われることになるでしょう。このようなアメリカの姿勢は、我が国を含め世界に多大の影響を与えることになります。各国が自国ファーストではなくDSファーストだった政権の見直し作業に着手するからです。

このような世紀の変わり目に、『2025年世界の真実』を上梓《じょうし》できたことは、激変の時代の目撃者の一人として幸甚《こうじん》に思います。望んでも、なかなかこのような機会に恵まれることはありません。本書を執筆できること自体に、私は自らの使命の重さを感じ取っております。

私が何かの力に選ばれたという勝手なエリート意識からではありません。目に見えない力の意義を強調してきた私の言論活動に対して、本書を執筆する機会が与えられたことに、感謝したいと思います。

はじめに

『2024年世界の真実』（ワック発行、以下前著）は『2019年世界の真実』から始まったこのシリーズの6冊目となります。幸い前著はこれまでにない反響を呼ぶことができました。そのわけは明確です。前著で予想したとおり、世界のパラダイムが2024年には根本的に変化したのです。しかし、その事実を理解している人は実に少なかったのです。それ故に、前著は衝撃的な内容であるとして、好意的な反響を生むことができた一方、どうしても腑に落とすことができない読者が少なからず存在したことも認めざるを得ません。

本書は2024年のパラダイムシフトを前提に、2025年以降の世界を考察しました。

何故なら、2023年からのパラダイム変化を腑に落とすためには、ある程度の時間が必要だからです。読者の方々は勉強熱心な方々であると確信していますが、勉強熱心であるがゆえに陥りやすい罠が存在しているのです。前著が反響を得たことは大変喜ぶべきことではあるのですが、この罠に自らの力で気づかないと2025年の世界の真実がよく見えてこない危険があるのです。本書を読み進んでいただく前に、この罠に気づいていただきたいのです。読者の多くがこの罠を完全には払拭《ふっしょく》できなかったがゆえに、2024年もこのシリーズを続けざるを得なかったというわけです。

今回はこれまでのこのシリーズのどの書にもない大胆な構成にしました。以下に概略を説明しますが、第1章が「覚醒の時」、第2章が「体験の時」、第3章が「実践の時」、そして第4章が「草莽崛起《そうもうくっき》の時」です。更に言えば、この本のオビにありますように、2025年のキーワードは「草莽崛起」であることを理解していただくために、本書は書かれたのです。

トランプ大統領の当選を祝う

2024年11月5日に行われたアメリカ大統領選挙において、トランプ大統領が圧勝しました。アメリカの反トランプ・メディアがいち早くトランプ氏の当選を報じたのです。数字の上では315対226の圧勝と報じましたが、違和感を覚えたのは、私だけではなかったと思います。上記の数字は獲得した選挙人の数ですが、一般投票数においてもトランプ氏がカマラ・ハリスを上回りました。

メディアはトランプ圧勝と報じてきましたが、実際は圧勝どころか、地滑り的大勝利であったと考えられます。即ち、ハリスはワシントンDCとプエルトリコで勝利したに過ぎないと見られます。ひょっとすると、出身地のプエルトリコも落とした可能性を否定できません。その意味で、正確には、地滑り的勝利と形容すべきでしょう。

しかし、トランプ大統領は、この事態を公にすることを敢えて主張しませんでした。これが妥協の最大のポイントであったと、私は確信しています。

因みに、同時に行われた連邦上下両院議会選挙においても、両院とも共和党が過半数を取り、いわゆるトリプル・レッドが実現しました。議会は行政府とは異なる論理で動きますが、アメリカ国民のＤＳに対する嫌悪感を見て取ることができます。

私の疑問はどうしてこのような結果をいち早くメディアが報じたのかということです。４年前の選挙のような前代未聞の不正は行われませんでした。民主党側が何らかの不正を行う可能性は最後まで払拭されませんでしたが、通常の選挙のごとく目立った不正はなく、無事に終わったことを素直に喜びたいと思います。

トランプ氏が勝利したことはもちろん嬉しいことではありますが、私の主たる関心はなぜこのような開票結果をメディアが報じて、早々とトランプ氏の勝利が確定したのかという点に尽きます。過半数の選挙人を獲得した候補が勝利するという２０１６年までの選挙の伝統に戻ったのはどうしてか。この理由を解明することが今回の選挙の真実を知ることにつながります。

２０２０年の不正選挙

主流メディアは、アメリカもいわゆる西側諸国も、２０２０年の大統領選挙で大規模不正が行われ、大勝していたはずのトランプ大統領が強制的にホワイトハウスを追われたことに、一切口を噤《つぐ》んできました。トランプ大統領の腹心に多くの裏切り者がいたわけです。

いわゆるＤＳから送り込まれたエージェントたちが、トランプ政権の要職を占めました。最大の裏切り者がペンス副大統領だったのです。選挙結果を確認する連邦議会での最後の会合において、ペンス氏はテッド・クルーズ共和党上院議員が提出しようとした妥協案を自己の権限で拒否してしまいました。これによって、平和的手段による選挙結果の是正が不可能になったのです。

肝心の連邦最高裁判所までＤＳに買収されていました。ロバーツ長官の指示で、トランプ側の訴えを退けたのです。司法が本来の役割を果たすことが封じられてしまいました。

以上、4年前の不正選挙について触れましたが、結果はトランプ陣営のみならず、民主党も含めたアメリカ国民の良心を苛《さいな》む結果となったのです。4年間苦しみ抜いたアメリカ国民が出した答えが、トランプ大統領の圧勝でした。

接戦という洗脳報道

問題は、なぜ今回は反トランプ陣営による不正が行われなかったかという点です。アメリカの主要メディアは、ハリス氏が勝利する可能性が高いことを、世論調査の結果などを示しながら報じ続けました。我が国における既存メディアの報道もこのラインに沿ったものでした。2人は拮抗しているが、いわゆる激戦州を有利に戦っているハリス氏が当選すると洗脳を続けたのです。

分岐点になったのは、7月13日のトランプ暗殺未遂事件です。トランプ氏は奇跡的に助かりましたが、これを見て私は神のご加護を確信しました。DS側は自作自演説を流しましたが、トランプ氏に対する支持がいっそう強化される結果となりました。これ以降、トランプ陣営とDSの間で何らかの妥協が成立して、今回の平穏な選挙が実施されたと言えます。

反トランプ・メディアがいち早くトランプ当選確実を伝え、11月6日にトランプ氏は勝利宣言を行いました。実は、彼の勝利宣言のなかに、今回の妥協の内容を示唆する真相が隠されていたのです。グローバリストの宣伝機関でもあるBBCは、今回のトランプ氏の狙いを以下の通り的確に伝えたと言えます。

4年間のトラウマを癒す時が来た

トランプ大統領は勝利宣言の冒頭、「We are going to help our country heal」

と2度繰り返しました。アメリカ国家国民の癒《いや》しの時が来たという意味です。癒しとは、苦しみの気持ちを治療するという意味や、和解するという意味があります。これが今回の選挙のポイントでした。BBCはこのフレーズを正確に引用していました。

癒しとは何か、何からの癒しなのかを読み解く必要があります。我が国のメディアは「アメリカを再び偉大にする」との発言ばかりを繰り返し報じていましたが、これが的外れであることにまったく気づいていなかったのです。アメリカを再び偉大にするために、癒しが必要であることをトランプ大統領は強調しました。

癒しとは、2020年の国を挙げての不正選挙で傷《いた》んだ人間としての良心の癒しなのです。ホワイトハウスでトランプ勝利を祝福するバイデン大統領の喜びに満ち溢れた表情を思い出さずにはいられません。実はトランプ勝利で真っ先に癒されたのがバイデン大統領であったともいえます。バイデン氏は不正選挙で大統領にされてしまったことをよく知っているはずです。圧力に屈せざるを得なかったとはいえ、政治家としての、そして何よりも人間としての矜持《きょうじ》を喪失したことに、この4年間悩み続けたのではないかと想像します。同じことは、ハリス副大統領にも当てはまります。敗北宣言をするハリス氏も、内心癒されていたのではないかと思えてなりません。

孤立する我が国のメディア

このような状況を全く無視した我が国の既存メディアは、驚くべきことにトランプ氏を揶揄する態度で一致していました。リベラルを自称する朝日新聞、中道を売りにしている日本経済新聞、保守といわれる読売新聞と産経新聞が一致して、社説でトランプ氏に警鐘を鳴らしたのです。

朝日新聞は「自国第一の拡散に歯止めを」とのタイトルの下、トランプ氏は格差や移民をめぐる憎悪を煽り、政敵を排除する訴えを続けた、今回の結果はそうした分断政治の威力を見せつけたと述べていました。トランプ氏が不適格者にもかかわらず勝利したことが悔しいとしつつ、国民の融和を考えるべきだとも記されていましたが、失笑を禁じ得ません。先述したように、トランプ氏は国民の融和のための癒しを強調したではありませんか。

日経新聞は「トランプ氏は世界の安定脅かすか」と題して、自分の好みの情報だけに取り囲まれ、異論を排除するトランプ氏の一方的な主張がまかり通る土壌となっていると書きました。前回の大統領選挙の結果を否定し、連邦議会占拠事件のような暴動を招く言動を厭わないトランプ氏の復権は異常事態と言わざるを得ないと、あくまでトランプ氏を異常者扱いする態度を止めていないのです。

読売新聞はアメリカ社会の亀裂を体現するトランプ氏が、法の支配や主権尊重に基づく国際秩序を根本から揺るがせてしまう危険に警鐘を鳴らしました。

産経新聞も似たり寄ったりの内容でしたが、全体のトーンは他紙に比べれば温厚と言えます。いずれにせよ、世界が「癒し」に向けて一斉に動き始めたのにもかかわらず、対立を煽っているのが我が国のメディアなのです。このような世界情勢の下では、日本のみが孤立してしまう危険が迫っています。

例えば、福島県に建設中のワクチン製造工場です。トランプ政権のワクチン担当厚生長官に、反ワクチン派のロバート・ケネディJr.が就任することになりましたので、トランプ政権はコロナワクチンなど健康被害が予想されるワクチン廃止の政策を取ることでしょう。日本の危機とは、このようにして世界で唯一の「人類の敵」呼ばわりされる危険が迫っているということです。これこそ、どうしてもトランプと和解できないＤＳ分子の最後の悪あがきかもしれません。今、日本が目覚めなければ、日本が本当に消滅することになりかねないのです。

ウィーン会議体制の終焉

11月10日付の産経新聞の日曜コラムにおいて、古森義久在ワシントン客員特派員が、アメリカ国内の癒しの雰囲気を的確に報じておられます。アメリカ国民が民主主義の敵だとみなす人物を民主的な選挙で選ぶはずがない。トランプ氏は民主的な選挙で民主的に勝利した。そして、「今後も保守とリベラルの思考の対立は激しく続く。多様な考えの衝突は民主主義の本質である。その対立が米国本来の民主主義の根幹を破壊はしない。その民主主義の強固さを明示したのが今回の選挙だったといえよう」。

古森氏の指摘の通り、アメリカ民主主義が強固であることを、国内と世界に向けて知らしめたのが、今回の大統領選挙であったと総括できるのです。アメリカが民主主義を取り戻したことにより、これからの世界は2020年不正選挙の温床となった非民主主義的なウィーン会議体制を崩壊させるべく、様々な動きが出てくるでしょう。

ウィーン会議体制とは、19世紀、イギリスのユダヤ人ネイサン・ロスチャイルドが通貨発行権を独占することにより、世界の統一に向けて作り上げたグローバリズムの体制を指します。

このような世界情勢のなかにあって、我が国においてもウィーン会議体制の残滓と戦わなければなりません。しかし、先に見たように既存メディアや政治家は依然としてグローバリズムを推進しようと躍起となっています。従って、戦いの前面に立つのは、既存のメディアや政治家ではなく私たち草莽《そうもう》です。草莽《そうもう》が崛起《くっき》することが求められているのです。

さて、本編に入る前に、この本の流れをご説明しておきます。

第1章では、現在の私たちが直面している「國體」の危機について詳述します。重要なポイントは、國體とはCONSTITUTIONのことであって、「憲法」のことではないという点です。私たちはともするとCONSTITUTIONは憲法のことだと思い込んでいますが、実はそうではないのです。第1章はこの点を腑に落としていただくために書かれたと言っても、決して言い過ぎではありません。

「憲法」と言えば、聖徳太子の「十七条の憲法」が有名です。私たちは歴史教科書でそう習ってきました。これが誤解を生んだ元凶でした。

私たちは第1条や第2条は覚えているかもしれません。しかし、全文を諳《そら》んじている読者は少ないでしょうから、念のために本文では全文を挙げておきます。なぜ、このように原典を引用するのかと言えば、私の書籍はすべて公開情報に基づいているからです。読者の方々が誰でもチェックすることができるのです。読者の方々一人ひとりのチェックを期待しているからです。

同じ発想から、「五箇条の御誓文」、「教育勅語」についても本文では全文を掲載しました。実は、「十七条の國體」と「五箇条の御誓文」と「教育勅語」があれば、明治憲法ですら必要ではなかったと考えられるからです。そんな馬鹿なことは信じられないと反発される前に、私たちの最古の、そして最強の國體である、「惟神《かんながら》の道」を思い出していただきたいと思います。私たちは日本をお産みになった神神に恥ずかしくない生き方をしなければならない、という考え方を縄文時代から実践してきました。だから、極論すれば、書いた文章が何もなくても秩序だった生活をすることが可能だったのです。

またここに登場する神勅は、瓊瓊杵尊《ににぎのみこと》が地上世界を治める方法を天照大御神《あまてらすおおみかみ》が述べ授けたものですが、相互に深く関係しているのです。以降の歴代の天皇陛下が統治される神髄を述べたお言葉で、「三大神勅」が揃ってこそ天照大御神の大御心が発揮されるわけです。いわば、高天原《たかまがはら》の天と地上世界の地を結ぶ役割と言うことも可能です。天と地の関係がいわば有機的であることを示したものと解釈することも可能です。私たち国民は、天皇陛下を通じて高天原の神神と通じているというわけです。
「天と地を結ぶ」ことは、天皇陛下だけの特権ではありません。東方キリスト教は「天と地を結ぶ」意義を重視しています。何故なら、東方キリスト教はキリストの役割は天と地を結ぶことにあると見做しているからです。東方正教徒にとっては、「天と地を結ぶ」階段を如何に登っていくのかが、彼らの信仰の原点になっているということなのです。日本人やキリスト教徒に限らず、およそ人間にとって、魂の故郷である天にどのようにして近づくかが、この世を生きる原動力になっていると言っても良いでしょう。本文ではこの点を分かりやすく解説しました。

第2章では昨年の前著発売以来今日までに私たちが実際に体験したことを振り返ります。2025年の世界を俯瞰《ふかん》する上で、この体験が必要だからです。前著のどこが正しかったのか、どこが間違っていたのか、どこが説明不十分であったのかを検証します。この作業は他の章とは趣を異にしています。その理由は、他の章と異なり時間軸で書かれているからです。他の章は横軸、つまり機能的側面から描かれているのです。他の章の基盤を流れる時間的推移は、他の章を理解するために避けて済ますことができないのです。

私たちは自らの体験を容易に忘れてしまう傾向にあります。そのわけは、本当の意味で体験が自らのものになっていないからなのです。このような状態では、前進することが不可能です。第3章、第4章に駒を進めるためには、自らの体験の内容を謙虚に反省することが必須です。特に、前著『2024年世界の真実』の内容を詳しく検証します。この作業によって、私たちは陥りやすい欠点を知ることが可能になることでしょう。人生の経験に無駄なことは無いと世上言われていますが、その意味を知ることになるでしょう。

第3章では、私自身の新たな実践の結果を披露します。本章の考察は今まで誰も言ってこなかった内容です。この章を腑に落としていただければ、私たち日本人の隠されてきた真実を、芥川龍之介が既に1922年に鋭く見抜いていたことに突き当たります。なぜ草莽《そうもう》の時代が到来することになったのかがわかる発見です。私たちは2025年以降「草莽の時代」を生きることになりますが、どのように生きるべきかのヒントが満載です。

私たちは、自らのことを分かっているようで、実はほとんど知っていないことに驚かされるはずです。私たち一人ひとりは、他の誰も持っていない唯一無二の人格の持ち主です。先ずは、この事実を腑に落としていただきたく思います。自らの存在は、この地球の存続に不可欠であることに気づいていただきたい。そのような稀有な存在でありながら、大きな宇宙生命の一部分でもあることに納得していただきたい、これこそが私が本書で伝えたかった人間存在の真実です。『2025年世界の真実』とは私たちの真実と言うことです。私たちが自らの本質に気づく年と言えるのです。それによって、日本人のみならず人類全体が自らの存在意義についての検証を深める年だと言えるのです。

第4章では、2025年以降の生き方を提唱します。私たち一人ひとりが負っている責任が、日本のみならず世界全体にとってもいかに重要であるかということを、『肇国《ちょうこく》の精神』の著者である山田孝雄《よしお》博士の教えに沿って、再考します。

ポイントを簡潔に述べれば、私たちがこの日本国が神国であることを理解することに尽きます。日本は何故神国なのか、このことが理解されれば、現在私たちを悩ませている諸問題が一挙に氷解するのです。

既に、東北大学名誉教授の田中英道博士が、一連の著作などで明らかにされている事実ですが、縄文時代にユダヤ系の渡来人が日本に渡って来ました。彼らは、日本にユダヤ文化を広めようと努めましたが、結局日本に同化してしまいました。日猶同化論を学問的見地から発表されたのが、田中先生です。

この田中説と先に見た芥川龍之介の発見とは、奇しくも一致することがわかりました。これに、山田孝雄説を加えますと、日本の國體が鮮やかに浮かび上がってきます。本書における私たちの目的は、日本の國體を知ることでした。この作業は、芥川、田中、山田の３人の業績に学ぶことによって完成することになるといっても、決して過言ではありません。

本書の狙いは、我が國體の神髄を探求することです。以降、皆様とともに、國體の再発見と言う世紀の大事業に船出したいと思います。本書を手に取ってくださった方々は、皆世界を守る使命を帯びた同志の方々です。本書を通じた皆様との出会いに感謝します。私たちに課せられたこの使命を実践するために、共に今から立ち上がろうではありませんか。その時の到来を知らせる鐘が鳴り響いています。鐘の音に耳をすませば、私たちの魂が震えることでしょう。

もう一刻の猶予も許されていません。私たちが逡巡《しゅんじゅん》すれば、その分だけ世界の悩みが継続する結果になります。同志は日本人だけではありません。アメリカやロシアをはじめ世界各国の愛国者たちが日本からの呼びかけを待っています。今から、この崇高な使命を実践してゆきましょう。同志の皆様との魂の邂《かい》逅《ごう》に感謝しつつ、本文に入って行くことにしたいと念じております。

本書が出版の日を迎えることができたのは、ひとえにワック常務執行役員の佐藤幸一氏のご指導に負っています。また、編集のベテランである仙頭寿顕氏にもご協力をいただきました。前著も好評を得ましたが、本書も多くの読者にとって新たな気付きのきっかけとなることを願っております。佐藤氏、仙頭氏のおかげで本書が出版の日を迎えることができたことに改めて感謝して、筆をおくことにします。ありがとうございました。

令和6年11月吉日

馬渕睦夫

馬渕睦夫が読み解く
2025年世界の真実

ディープステートはトランプに敗れ、ついに自壊へ！

◉目次

はじめに

第1章　覚醒の時

第2章 体験の時 …… 81

第3章 実践の時 …… 165

装幀／須川貴弘（ＷＡＣ装幀室）

第1章

覚醒の時

石破総理を誕生させてしまった恐ろしさ

『2024年世界の真実』を上梓したのが2023年11月ですから、約1年が経過したことになります。今現在の私たちはこれまで経験したことのないような得体のしれないエネルギーに襲われています。毎日何かにイライラしながら暮らしているのです。その原因は何なのか？　本章ではその原因を探ることにします。

これまでイライラする出来事は確かにありました。しかし、それらは一時的なものであったり、一部の人のみに係ることであったりしましたが、今日のように、日本列島全体を覆い尽くすような状況ではありませんでした。だから、今の私たちが置かれた状況は、過去に例を見たことがないと言わざるを得ないのです。

岸田政権の下で、国が次々と売られてゆくのを、多くの国民は気づきながらも為すすべなく過ごさざるを得なかった日々がともかく終わったにもかかわらず、以前にもまして国民のイライラ感は日に日に高まるばかりなのです。本章ではその理由を考察します。

去る9月27日に、自民党総裁に石破茂氏が選出されました。決選投票で本選挙第1位の高市早苗候補を破っての逆転勝利でしたが、高市候補に投票した議員のみならず、多くの議員が何かすっきりしないものを感じたことは否めないでしょう。それにも拘らず、時は何事もなかったかのように進みを止めません。石破氏は30日には総理に選出されましたが、所信表明演説など一連の行事を終えると、ただちに解散総選挙となりました。新鮮さが残っているうちに国民の信を問うという旧態依然の手法ですが、国民の側からすれば何のための総選挙なのか疑わざるを得ない状況です。

石破氏を非難する人は後を絶ちませんが、では非難することによって何かが改善したのかと問われると、答えに窮するのが偽らざるところではないでしょうか。そうなのです。現在の私たちには選択する余地が存在していないのです。どれだけ口汚く石破総理を貶《けな》してみても、何も変わらないと言う鵺《ぬえ》のような世界に住んでいる訳なのです。

実際のところ、特にネット番組では連日のごとく石破批判が続きました。石破氏の人格の酷さや能力のなさをいくら批判しても私たちを取り巻く環境は変わりませんでした。それもそのはずです。石破氏の哀れな姿こそ、私たちの姿そのものであったからです。私たちは、とかく他人を批判することによってあたかも自分が優れていると誤解してしまいます。

これは私たちの性《さが》でもあるのですが、この性ゆえに私たちが無意識的にしろ、石破総理を誕生させてしまったと言えるわけなのです。覚醒とはこの事実の恐ろしさをかみしめて、それこそ再発防止に努めること以外にありません。

戦後80年、日本に主権はなかった

２０２５年は戦後80年の節目の年です。この80年間には私たちの生活を脅かす様々な事件がありました。これらの事件は、私たちに大きな影響を与えてきましたが、何年もの長きに亘《わた》り、私たちの心を苛《さいな》むことはありませんでした。それ故に、むしろ懐かしい思い出といったレベルにまで心理的に昇華されてしまっていると言えなくもありません。

現に劣化したとはいえ既存のメディアが連日報じる内容の多くが、懐かしい過去80年の出来事であるのです。なぜ懐かしいのでしょうか？　なぜなら、懐かしく思い出せると言うことは、今やその事件は過去の出来事で、現在の日々の生活とは断絶していると感じているからかもしれないでしょう。現実の痛みではなく、時には思い出して感傷に耽《ひた》る対象ともいえるわけです。

しかし、現在のイライラは、このような郷愁を漂わせるような、能天気な状況ではありません。一時的に凌いだとしても、またいつの間にか私たちの心の中を占領しています。心のもどかしさが私たちから離れてくれないのです。それは何故なのか、このような基本的なことさえ私たちは合理的に説明することができないのです。と言うことは、物事を合理的に説明すること自体が大変困難な作業であることを意味しているのでしょうか。

激動が予想される2025年を生きるには、まずこのイライラの根源を探索することから始めなくてはならないでしょう。この探求を始めれば、私たちが今「國體」の危機に直面していることを肌で感じることができるはずです。感じられない人は無理に感じようともがき苦しむ必要はありません。今感じられない人は、来年になっても感じられないかもしれないからです。私たちは競争しているわけではありません。時が解決してくれるでしょう。覚醒とは、2025年という時代の要請にこたえることができる人が求められているのです。

年齢や人生経験は関係ありません。

ここで思い出されるのは、安倍晋三元総理の遺言である、「戦後レジームを脱却し、日本を取り戻す」の意味です。基本的な問題は、戦後レジームを脱却すれば、どうして日本を取り戻すことに繋がるのかということです。この成句の中に、覚醒の神髄が凝縮されています。簡単に言えば、日本が侵略者であったと決めつけた東京裁判史観の呪縛に雁字搦《がんじから》めになってきたのが戦後の日本であり、渡部昇一先生が鋭く指摘されたように、東京裁判の亡霊を擁護することによって生き延びてきた、敗戦利得者層が元凶なのです。

つまり、戦後レジームを脱却するとは、東京裁判史観に洗脳され敗戦利得者に支配されてきた戦後の日本と決別するということです。これによってはじめて、日本の主権を取り戻すことができるのです。戦後の日本には主権が存在していません。主権を奪われてきたという認識すらないのです。

この意味が国民の多数の方々の腑に落ちれば、後は一気呵成に独立国日本に向かって邁進することが可能になります。トランプ大統領の復権は、その土壌を提供してくれています。言うまでもなく、日本ファーストです。トランプ大統領の十八番《おはこ》である「アメリカファースト、各国ファースト」の意味が、主権を持っていなかった日本人は身をもって同感することができなかったというわけです。安倍総理のおかげで、当時の日本はトランプ大統領の信頼を享受することができていたのです。

　だから、安倍総理なき現在、トランプ時代を生き延びるためには、日本の総理は安倍氏の遺言を実践しなければならないのです。安倍総理の遺志を継ぐと言うことは簡単です。しかし、その真の意味を理解している人は、果たしてどれだけいるのでしょうか。余りにも少ないと私には映ります。だから、なんとなくイライラするのです。

「國體」とCONSTITUTION

なぜ私たちは日々イライラする落ち着きのない時を過ごしているのでしょうか。その原因は、私たちが私たちらしく生きることができていないからです。私たちらしい生き方が、「國體」です。つまり、私たちのイライラの原因は「國體」が揺らいでいるからなのです。我が国を襲っている危機は、「國體」の危機です。「國體」とはCONSTITUTION（コンスティチュウション）のことですが、大切な点をいえばCONSTITUTIONは私たちが日ごろ意識せずに使っている「憲法」のことではないということです。戦後教育を受けた大半の私たちは、CONSTITUTIONは憲法のことだと自動的に反応してしまいがちですが、そうではないことをしっかりと腑に落とすことが必要です。そうしないと、戦後教育の洗脳から逃れることが困難になるからです。

では、國體を理解するためには、何を読めばよいのでしょうか。國體についで書かれた文献をいくら読んでも、何かしっくり行かない気がしてなりません。何故なら、「國體」とは文章で表すことは事実上不可能なのです。「國體」とは私たちの生き方そのものであるゆえに、感じているものであり文章で表現することに馴染まないのです。学校教育では、聖徳太子の「十七条の憲法」と習います。これ自体が洗脳なのです。「十七条の國體」と言うべきでしょう。国のあるべき姿の一部を文章化したものだからです。

学校教育では簡単にしか習いませんので、十七条の全文を言える人は少ないと思われます。そこで、この項では敢えて十七条を習い直すことにします。この作業によって私たちは聖徳太子の思想を目の当たりにすることができるでしょう。

【十七条の憲法】

漢文は省略して読み下し文、そして現代語訳（ウイキペディアより）の順で紹介します。

夏四月丙寅朔《ひのえとらついたち》の戊辰《えたつ》の日に、皇太子、親ら肇めて憲法十七條《いつくしきのりとをあまりななをち》を作る。

［現代語訳］

推古天皇12年（604年）5月6日、聖徳太子が自ら十七条憲法をお作りになられた。

一に曰く、和《やわらぎ》を以て貴しと為し、忤《さか》ふること無きを宗《むね》とせよ。人皆党《たむら》有り、また達《さと》れる者は少なし。或いは君父《くんぷ》に順《したがわ》ず、乍隣里《またりんり》に違う。然れども、上和《かみやわら》ぎ下睦《むつ》びて、事を論《あげつら》うに諧《かな》うときは、すなわち事理おのずから通ず。何事か成らざらん。

［現代語訳］

一に曰く、おたがいの心が和らいで協力することが貴いのであって、むやみに反抗することのないようにせよ。それが根本的態度でなければならぬ。ところが人にはそれぞれ党派心があり、大局をみとおしているものは少ない。だから主君や父に従わず、あるいは近隣の人びとと争いを起こすようになる。しかしながら、人びとが上も下も和らぎ睦まじく話し合いができるならば、ことがらは道理にかない、何ごとも成しとげられないことはない。

二に曰く、篤く三宝を敬へ。三宝とは仏・法《のり》・僧《ほうし》なり。則ち四生の終帰、万国の極宗なり。何れの世、何れの人かこの法を貴ばざる。はなはだ悪しきもの少なし。よく教えうるをもって従う。それ三宝に帰りまつらずば、何をもってか枉《ま》がるを直さん。

［現代語訳］

二に曰く、まごころをこめて三宝をうやまえ。三宝とはさとれる仏と、理法と、人びとのつどいとのことである。それは生きとし生けるものの最後のよりどころであり、あらゆる国々が仰ぎ尊ぶ究極の規範である。いずれの時代でも、いかなる人でも、この理法を尊重しないことがあろうか。人間には極悪のものはまれである。教えられたらば、道理に従うものである。それゆえに、三宝にたよるのでなければ、よこしまな心や行いを何によって正しくすることができようか。

三に曰く、詔《みことのり》を承《うけたまわ》りては必ず謹《つつし》め、君をば天《あめ》とす、臣をば地《つち》とす。天覆い、地載せて、四の時順り行き、万気通ずるを得るなり。地天を覆わんと欲せば、則ち壊るることを致さんのみ。ここをもって君言えば臣承わり、上行けば下靡《なび》く。故に詔を承りては必ず慎め。謹まずんばおのずから敗れん。

[現代語訳]

三に曰く、天皇の詔を承ったときには、かならずそれを謹んで受けよ。君は天のようなものであり、臣民たちは地のようなものである。天は覆い、地は載せる。そのように分の守りがあるから、春・夏・秋・冬の四季が順調に移り行き、万物がそれぞれに発展するのである。もしも地が天を覆うようなことがあれば、破壊が起こるだけである。こういうわけだから、君が命ずれば臣民はそれを承って実行し、上の人が行うことに下の人びとが追随するのである。だから天皇の詔を承ったならば、かならず謹んで奉ぜよ。もしも謹んで奉じないならば、おのずから事は失敗してしまうであろう。

四に曰く、群臣《まえつきみたち》百寮《つかさつかさ》、礼を以て本とせよ。其れ民を治むるが本、必ず礼にあり。上礼なきときは、下斉《ととのは》ず。下礼無きときは、必ず罪有り。ここをもって群臣礼あれば位次乱れず、百姓礼あれば、国家自《おのず》から治まる。

[現代語訳]

四に曰く、もろもろの官吏は礼法を根本とせよ。そもそも人民を治める根本は、かならず礼法にあるからである。上の人びとに礼法がなければ、下の民衆は秩序が保たれないで乱れることになる。また下の民衆のあいだで礼法が保たれていなければ、かならず罪を犯すようなことが起きる。したがってもろもろの官吏が礼を保っていれば、社会秩序は乱れないことになるし、またもろもろの人民が礼を保っていれば、国家はおのずからも治まるものである。

五に曰く、饗《きょう》を絶ち欲することを棄て、明に訴訟を弁《さだ》めよ。それ百姓の訟《うったえ》は、一日に千事あり。一日すらなお爾《しか》るを、いわんや歳《とし》を累《かさ》ねてをや。このごろ訟を治むる者、利を得るを常とし、賄《まいない》を見てはことわりもうすを聴く。すなわち財のあるものの訟は、石をもって水に投ぐるがごとし。乏しきものの訟は、水をもって石に投ぐるに似たり。ここをもって、貧しき民は所由《せんすべ》を知らず。臣道またここにかく。

［現代語訳］

五に曰く、役人たちは飲み食いの貪りをやめ、物質的な欲をすてて、人民の訴訟を明白に裁かなければならない。人民のなす訴えは、一日に千件にも及ぶほど多くあるものである。一日でさえそうであるのに、まして一年なり二年なりと、年を重ねてゆくならば、その数は測り知れないほど多くなる。このごろのありさまを見ると、訴訟を取り扱う役人たちは私利私欲を図るのがあたりまえとなって、賄賂を取って当事者の言い分をきいて、裁きをつけてしまう。だから財産のある人の訴えは、石を水の中に入れるようにたやすく目的を達成し、反対に貧乏な人の訴えは、水を石に投げかけるように、とても聴き入れられない。こういうわけであるから、貧乏人は何をたよりにしてよいのか、さっぱりわからなくなってしまう。こんなことでは、君に使える官たる者の道が欠けてくるのである。

六に曰く、悪しきを懲らし善を勧むるは、古の良き典《のり》なり。ここをもって、人の善を匿《かく》すことなく、悪を見てはかならず匡《ただ》せ。それ諂《へつら》い許《あざむ》く者は、国家を覆《くつがえ》す利器なり。人民を絶つ鋒剣《ほうけん》なり。また佞《かだ》み媚《こ》ぶる者は、上に対しては好みて下の過《あやまち》を説き、下に逢いては上の失《あやまち》を誹謗《そし》る。それ、これらの人は、みな君に忠なく、民に仁なし。これ大乱の本なり。

[現代語訳]

六に曰く、悪を懲らし善を勧めるということは、昔からのよいしきたりである。だから他人のなした善は、これをかくさないで顕し、また他人が悪をなしたのを見れば、かならずそれをやめさせて、正しくしてやれ。諂ったり詐ったりする者は、国家を覆し滅ぼす鋭利な武器であり、人民を絶ち切る鋭い刃のある剣である。また、おもねり媚びる者は、上の人びとに対しては好んで目下の人びとの過失を告げ口し、また部下の人びとに出会うと上役の過失をそしるのが常である。このような人は、みな君主に対しては忠心なく、人民に対しては仁徳がない。これは世の中が大いに乱れる根本なのである。

七に曰く、人各《おのおの》任《よさし》有り。掌ること宜しく濫《みだ》れざるべし。それ賢哲、官に任ずるときは、頌《ほ》むる音《こえ》すなわち起こり、奸者《かんじゃ》、官を有《たも》つときは、禍乱すなわち繁《しげ》し。世に、生まれながら知るひと少なし。よく念《おも》いて聖《せい》となる。事、大少となく、人を得て必ず治まる。時、急緩となく、賢に遇《あ》いておのずから寛《ゆたか》なり。これによりて、国家永久にして、社稷《しゃしょく》危うからず、故に、古の聖王、官のために人を求む。人のために官を求めず。

［現代語訳］

七に曰く、人には、おのおのその任務がある。職務に関して乱脈にならないようにせよ。賢明な人格者が官にあるときには、ほめる声が起こり、よこしまな者が官にあるときには、災禍や乱れがしばしば起こるものである。世の中には、生まれながらに聡明な者は少ない。よく道理に心がけるならば、聖者のようになる。およそ、ことがらの大小にかかわらず、適任者を得たならば、世の中はおのずからゆたかにのびのびとなってくる。これによって国家は永久に栄え、危うくなることはない。ゆえに、いにしえの聖王は官職のために人を求めたのであり、人のために官職を設けることはしなかったのである。

八に曰く、群卿百寮、早朝晏退《おそくまか》れよ。公事いとまなし。終日《ひねもす》にも尽くしがたし。ここをもって、遅く朝《まい》るときは急なることに逮《およ》ばず。早く退《まかる》るときはかならず事尽くさず。

[現代語訳]

八に曰く、もろもろの官吏は、朝は早く役所に出勤し、夕はおそく退出せよ。公の仕事は、うっかりしている暇がない。終日つとめてもなし終えがたいものである。したがって、遅く出仕したのでは緊急の事に間に合わないし、また早く退出したのでは、かならず仕事を十分になしとげないことになるのである。

九に曰く、信は是義の本なり。それ善悪成敗はかならず信にあり。群臣とも信あるときは、何事か成らざらん。群臣信なきときは、万事ことごとくに敗れん。

［現代語訳］

九に曰く、まこと〈信〉は人の道〈義〉の根本である。何ごとをなすにあたっても、まごころをもってすべきである。善いことも悪いことも、成功するのも失敗するのも、かならずこのまごころがあるかどうかにかかっているのである。人びとがたがいにまごころをもって事にあたったならば、どんなことでも成しとげられないことはない。これに反して人びとにまごころがなければ、あらゆることがらがみな失敗してしまうであろう。

十に曰く、忿《こころのいかり》を絶ちて、瞋《おもてのいかり》を棄《す》て、人の違うことを怒らざれ。人皆心あり。心おのおのの執れることあり。かれ是とすれば、われ非とす。われ是とすれば、かれ非とす。われ必ずしも聖にあらず。かれかならずしも愚にあらず。

ともにこれ凡夫のみ。是非の理、たれかよく定むべけんや。あいともに賢愚なること、鐶《みみがね》の端《はし》なきごとし。ここをもって、かの人は瞋《いか》るといえども、かえってわが失《あやまち》を恐れよ。われひとり得たりといえども、衆に従いて同じく挙《おこな》え。

［現代語訳］

十に曰く、心の中で恨みに思うな。目に角を立てて怒るな。他人が自分にさからったからとて激怒せぬようにせよ。人にはそれぞれ思うところがあり、その心は自分のことを正しいと考える執着がある。他人が正しいと考えることを自分はまちがっていると考え、自分が正しいと考えることを他人はまちがっていると考える。しかし自分がかならずしも聖者なのではなく、また他人がかならずしも愚者なのでもない。両方ともに凡夫にすぎないのである。正しいとか、まちがっているとかいう道理を、どうして定められようか。おたがいに賢者であったり愚者であったりすることは、ちょうどみみがね〈鐶〉のどこが初めでどこが終わりだか、端のないようなものである。それゆえに、他人が自分に対して怒ることがあっても、むしろ自分に過失がなかったかどうかを反省せよ。また自分の考えが道理にあっていると思っても、多くの人びとの意見を尊重して同じように行動せよ。

十一に曰く、功と過《あやまち》を明らかに察《み》て、賞罰を必ず当てよ。このごろ賞は功においてせず、罰は罪においてせず。事を執る群卿、賞罰を明らかにすべし。

［現代語訳］

十一に曰く、下役の者に功績があったか、過失があったかを明らかに観察して、賞も罰もかならず正当であるようにせよ。ところが、このごろでは、功績のある者に賞を与えず、罪のない者を罰することがある。国の政務をつかさどるもろもろの官吏は、賞罰を明らかにして、まちがいのないようにしなければならない。

十二に曰く、国司《くにのみことまち》・国造《くにのみやつこ》、百姓《おおみたから》に収斂することなかれ。国に二君非《な》く、民に両主無し、率土《くにのうと》の兆民《おおみたから》、王《きみ》を以て主と為す。所任の官司はみなこれ王臣なり。何ぞあえて公と、百姓に賦斂《おさめと》らん。

［現代語訳］

十二に曰く、もろもろの地方長官は多くの人民から勝手に税を取り立ててはならない。国に二君はなく、民に二人の君主はいない。全国土の無数に多い人民たちは、天皇を主君とするのである。官職に任命されたもろもろの官吏はみな天皇の臣下なのである。公の徴税といっしょにみずからの私利のために人民たちから税を取り立てるというようなことをしてよいということがあろうか。

十三に曰く、諸の官に任せる者は、同じく職掌を知れ。あるいは病《やまい》し、あるいは使して、事を闕《おこた》ることあらん。しかれども知ることを得る日には、和《あまな》うことむかしより曽く識《しか》れるがごとくせよ。それ与《あずか》り聞かずということをもって、公務をな妨げそ。

［現代語訳］

十三に曰く、もろもろの官職に任ぜられた者は、同じくたがいの職掌を知れ。あるいは病にかかっていたり、あるいは出張していて、仕事をなしえないことがあるであろう。しかしながら仕事をつかさどることができた日には、人と和してその職務につき、あたかもずっとおたがいに協力していたかのごとくにせよ。自分には関係のなかったことだといって公務を拒んではならない。

十四に曰く、群臣百寮、嫉《うらや》み妬《ねた》むこと有ること無かれ。われすでに人を嫉むときは、人またわれを嫉む。嫉妬《ねたみ》の患《うれ》え、その極《きわまり》を知らず。このゆえに、智おのれに勝るときは悦ばず。才おのれに優るときは嫉妬《ねた》む。ここをもって、五百歳にしていまし今賢に遇《あ》うとも、千載にしてひとりの聖を持つことに難《かた》し。それ賢聖を得ずば、何をもってか国を治めん。

［現代語訳］

十四に曰く、もろもろの官吏は、他人を嫉妬してはならない。自分が他人を嫉めば、他人もまた自分を嫉む。そうして嫉妬の憂いは際限のないものである。だから、他人の智識が自分よりもすぐれているとそれを悦ばないし、また他人の才能が自分よりも優っていると、それを嫉み妬むものである。このゆえに、五百年をへだてて賢人が世に出ても、また千年たってから聖人が世に現れても、それを斥けるならば、ついに賢人・聖人を得ることはむずかしいであろう。もしも賢人・聖人を得ることができないならば、どうして国を治めることができようか。

十五に曰く、私を背きて公に向くは、是臣が道なり。およそ人、私あるときはかならず恨《うら》みあり。憾《うら》みあるときはかならず同《ととのお》らず。同らざるときは私をもって公を防ぐ。憾みおこるときは制に違い、法を害《やぶ》る。ゆえに初めの章に云う。上下和諧せよ、と。それまたこの情《こころ》か。

［現代語訳］

十五に曰く、私の利益に背いて公のために向かって進むのは、臣下たる者の道である。およそ人に私の心があるならば、かならず他人のほうに怨恨の気持ちが起こる。怨恨の気持ちがあると、かならず心を同じゅうして行動することができない。心を同じゅうして行動するのでなければ、私情のために公の政務を妨げることになる。怨恨の心が起これば、制度に違反し、法を害うことになる。だからはじめの第一条にも「上下ともに和らいで協力せよ」といっておいたのであるが、それもこの趣意を述べたのである。

十六に曰く、民を使うに時を以てするは、古の良き典なり。ゆえに、冬の月に間《いとま》あらば、もって民を使うべし。春より秋に至るまでは、農桑《のうそう》の節なり。民を使うべからず。それ農《なりわい》せずば、何をか食らわん。桑《くわと》らずば何をか服《き》ん。

［現代語訳］

十六に曰く、人民を使役するには時期を選べというのは、古来の良いしきたりである。ゆえに冬の月には閑暇があるから、人民を公務に使うべきである。しかし春から秋にいたる間は農繁期であるから、人民を公務に使ってはならない。農耕しなければ食することができないし、養蚕しなければ衣服を着ることができないではないか。

十七に曰く、夫れ事独り断むべからず。必ず衆《もろもろ》とともに宜しく論《あげつら》ふべし。少事はこれ軽し。かならずしも衆とすべからず。ただ大事を論うに逮《およ》びては、もしは失《あやまち》あらんことを疑う。ゆえに衆と相弁《あいわきま》うるときは、辞《こと》すなわち理を得ん。

［現代語訳］

十七に曰く、重大なことがらはひとりで決定してはならない。かならず多くの人びととともに論議すべきである。小さなことがらは大したことはないから、かならずしも多くの人びとに相談する要はない。ただ重大なことがらを論議するにあたっては、あるいはもしか過失がありはしないかという疑いがある。だから多くの人びととともに論じ是非を弁えてゆくならば、そのことがらが道理にかなうようになるのである。

全文を解説したいのですが、紙幅の制限もありますので、重要点のみに留めざるを得ません。第1条と17条は同じことを述べています。つまり、聖徳太子が最も重要視した条項です。話し合うことが調和の社会を実現するために最も重要であるということです。調和の世界とは日本の神々が理想とされている社会のことです。第2条の「篤く三法を敬え」から窺えるように、聖徳太子は仏教を広めた方ですが、彼の思想の根底には我が国の神々の思いが込められているわけです。

このような理解がないと第3条にある「詔《みことのり》を受けては必ず謹《つつし》め」の意味を誤解してしまいます。17条の研究者でさえ、この条項の解釈には苦労している跡が窺えます。極端な例としては、「天皇絶対性を示したものである」などと言った頓珍漢《とんちんかん》な解釈をしてしまうわけです。

4条から16条までの規定は、政治家や官僚の心構えを書いたものです。これらを読めば、国民の上に立つ者の国民に対する倫理と愛の必要性が繰り返し述べられていることに気づきます。3条の詔を実現するうえで、支配者層のあるべき姿が繰り返し述べられています。事程左様に、権力の蜜は甘いし、常に誘惑と同居しているわけです。現在の政治家・官僚たちに突き付けてやりたい戒めの数々です。

詔は日本の神々のお言葉です。従って、日本人として、神々のお言葉を受けた場合は、謹んで拝聴し、その意向に従うことは当然のことなのです。

言うまでもなく、これは時の政治的指導者の言葉に盲目的に従うことではありません。そもそも、現在の政治的指導者が17条の國體を正しく理解しているのかどうかが、大問題なのです。日本には聖徳太子の時代から「憲法」がありましたなどと言う笑えない話も出てきます。

日本国家が建国された縄文時代以来、日本人は國體を文章化する必要を認めて来ませんでした。先に述べたように、私たちの日々の生活様式そのものが國體だったからです。だからこそ、日々の生活を送る上で、書いた文章は必要なかったというわけです。

次に明治天皇による五箇条の御誓文を見てみましょう。

【五箇條の御誓文】

一、広く会議を興し万機公論に決すべし

一、上下心を一にして盛《さかん》に経綸を行ふべし

一、官武一途庶民に至る迄《まで》各《おのおの》其《その》志《こころざし》を遂げ人心をして倦《うま》ざらしめん事を要す

一、旧来の陋習《ろうしゅう》を破り天地の公道に基くべし

一、智識を世界に求め大に皇基を振起すべし

我国未曾有《みぞう》の変革を為んとし

朕躬《みずから》を以て衆に先じ天地神明に誓ひ

大《おおい》に斯《この》国是を定め万民保全の道を立んとす
衆亦此旨趣に基き協心努力せよ
明治元年三月十四日

［現代語訳］

第一条、政治を行う際に多くの意見を求めること、政治に関して、全てのことを会議で話し合って決めていきなさい

第二条、身分の上下に関わらず、心を一つにして国家を治め整えていきなさい

第三条、役人・武士・庶民まで身分の違いを超えて、それぞれの志を実現できるような社会を目指しなさい

第四条、古くからの悪い習慣を無くして、世界共通の正しい道理（国際法）に従いなさい

第五条、欧米の進んだ文明（智識）を求めて、国家を発展させるよう心がけな

さい

我が国はかつてない大きな変革を遂げようとしている。私は国民の先頭に立ち、天地神明に誓い、この国のあり方を定め、万民が平和に暮らせる道を開こうとしている。皆さんも、この私の考えに基づき、心を一つにして努力してほしい。

そして教育勅語です。

【教育勅語】

朕《チン》惟《オモ》フニ我カ皇祖皇宗國ヲ肇《ハジ》ムルコト宏遠ニ徳ヲ樹《タ》ツルコト深厚ナリ我カ臣民克《よ》ク忠ニ克ク孝ニ億兆心ヲ一《イッ》ニシテ世世厥《ソ》ノ美ヲ濟《ナ》セルハ此《コ》レ我カ國體ノ精華

ニシテ教育ノ淵源亦實《マタジツ》ニ此《ココ》ニ存ス爾《ナンジ》臣民父母ニ孝ニ兄弟ニ友ニ夫婦相和シ朋友相信シ恭儉《キョウケン》己《オノ》レヲ持《ジ》シ博愛衆ニ及ホシ學ヲ修メ業ヲ習ヒ以テ智能ヲ啓發シ徳器ヲ成就シ進《ススミ》テ公益ヲ廣《ヒロ》メ世務《セイム》ヲ開キ常ニ國憲ヲ重《オモン》シ國法ニ遵ヒ一旦緩急アレハ義勇公ニ奉シ以テ天壤《テンジョウ》無窮《ムキュウ》ノ皇運ヲ扶翼《フヨク》スヘシ是ノ如キハ獨リ朕カ忠良ノ臣民タルノミナラス又以テ爾《ナンジ》祖先ノ遺風ヲ顯彰スルニ足ラン

斯《コ》ノ道ハ實ニ我カ皇祖皇宗ノ遺訓ニシテ子孫臣民ノ倶《トモ》ニ遵守《ジュンシュ》スヘキ所之ヲ古今ニ通シテ謬《アヤマ》ラス之ヲ中外ニ施シテ悖《モト》ラス朕爾臣民ト倶ニ拳拳服膺シテ咸《ミナ》其《ソノ》徳《トク》ヲ一ニセンコトヲ庶幾《コヒネガ》フ

明治二十三年十月三十日

御名御璽

[現代語訳]

私が思うに、我が御祖先の方々が国をおはじめになったことは極めて広遠であり、徳をお立てになったことは極めて深く厚くあらせられ、又、私の国民はよく忠にはげみよく孝をつくし、国中のすべての者が皆心を一にして代々美風をつくりあげて来た。これは我が国柄の精髄であって、教育の基づくところもまた実にここにある。あなた方国民は、父母に孝行をつくし、兄弟姉妹仲よくし、夫婦互いに睦び合い、朋友互いに信義を以って交わり、へりくだって自分勝手な振舞いをせず、人々に対して慈愛を及すようにし、学問を修め実業を習って知識才能を養い、善良有為の人物となり、進んで公共の利益を広め世のためになる仕事をおこし、常に皇室典範並びに憲法を始め諸々の法令を尊重遵守して、万一危急の大事が起ったならば、大義に基づいて勇気をふるって国家につくしなさい。こうして天地と無限に続く皇室の繁栄に尽くしなさい。こうすることは、ただ私に対して忠良な臣民であるばかりでなく、それがとりもなおさず、あなた方の祖先ののこした美風をはっきりあらはすことにもなる。

ここに示した道は、実に我が御祖先のお残しになった教訓であって、皇祖皇宗の子孫たる者及び国民が共々にしたがい守るべきところである。この道は古今を貫いて永久に間違いがなく、又我が国はもとより外国においても正しい道である。私は国民と一緒にこの道を大切に守る。皆もこの道を体得実践することを切に望む。

「五か条のご誓文」も「教育勅語」も「17条の國體」の精神に沿って書かれていることがおわかりだと思います。明治の近代化においても、基本となったのは「17条の國體」でした。

また17条の基礎にあったのが、三大神勅です。詔とは三大神勅のことでもあるのです。

「三大神勅」と言えば、天照大御神様が豊芦原瑞穂《とよあしはらみずほ》の国に降臨する瓊瓊杵尊《ににぎのみこと》に対し与えられた「天壌無窮《てんじょうむきゅう》の神勅」、「斎庭《ゆにわ》の稲穂の神勅」、「宝鏡奉斎《ほうきょうほうさい》の神勅」のことです。「天壌無窮の神勅」は政治体制を、「斎庭の稲穂の神勅」は物つくり経済を、そして「宝鏡奉斎の神勅」は文化を支える「國體」になっている訳です。以下これらの神勅を口語訳と共に挙げておきます。

【天壌無窮の神勅】

皇孫《すめみま》に勅《みことのり》して曰《のたま》はく、

「豊葦原《とよあしはら》の千五百秋《ちいほあき》の瑞穂《みずほ》の國《くに》は、是《これ》、吾《あ》が子孫《うみのこ》の王《きみ》たる可《べ》き地《くに》なり。宜しく爾皇孫《いましすめみま》、就《ゆ》きて治《しら》せ。行矣《さくくませ》、宝祚《あまつひつぎ》の隆《さか》えまさむこと、当《まさ》に天壌《あめつち》と窮《きはま》り無《な》かるべし」

[口語訳]

天照大御神が瓊瓊杵尊《ににぎのみこと》に勅して申されるには、

「豊かで瑞々しいあの国は、わが子孫が君主として治めるべき国土です。わが孫よ、行って治めなさい。さあ、出発しなさい。皇室の繁栄は、天地とともに永遠に続き、窮《きわ》まることがありません」

［説明］

天照大御神によるこの神勅は古来最も尊重されてきた。天壌無窮の神勅と呼ばれるのは、日本国を統治するのは自らの子孫の天皇であり、その地位を神授不動の物とする思想の拠り所とされてきた。

【斎庭稲穂の神勅】

吾《あ》が高天原《たかまがはら》にきこしめす斎庭《ゆにわ》の穂《いなほ》を以《もっ》て、また吾《あ》が児《みこ》にまかせまつるべし。

（神代紀、第九段、一書第二）

［口語訳］

わたしが高天原で育てた神聖な稲穂をあなたに授けましょう。

［説明］

天照大御神が「人々の食の中心」として天上の田んぼで育てた稲を地上に授けたことを伝える神勅です。毎秋、宮中や全国神社で行われる新嘗祭《にいなめさい》は大御神からの賜り物である米の収穫感謝のおまつりです。天皇一代一度の大嘗祭《だいじょうさい》においても天皇みずから神々へと新穀を供えられ、天照大御神と同一化して、国と人々の繁栄を祈られます。日本においてまつりや食文化と分かち難い稲作が、神代から受け継がれてきたことを示しています。言うまでもなく、この大嘗祭を経て初めて天皇になられるわけです。

【宝鏡奉斎（同床共殿）の神勅】

吾《あ》が児《みこ》、此《こ》の宝鏡《たからのかがみ》を視《み》まさむこと、当《まさ》に吾《あ》を視るがごとくすべし。與《とも》に床《みゆか》を同じくし、殿《みあらか》をひとつにし、以て斎鏡《いはいのかがみ》と為すべし。（神代紀、第九段、一書第二）

［口語訳］

この鏡をわたしだと思い大切にまつりなさい。

［説明］

天照大御神が三種の神器の鏡を授け、その鏡を大御神と同じように地上でまつることを命じられた神勅です。鏡はのちに伊勢の神宮におまつりされ、宮中では分霊《わけみたま》の鏡をおまつりするようになりました。御大礼《ごたいれい》において陛下がまず伊勢と宮中の大御神にご奉告されたように今も大切にされ、伊勢の神宮は人々からの崇敬もあつく、宮中でも大御神に私たちの平安を願うおまつりが陛下によって行われています。

これらの神勅をばらばらに解釈することでは、天照大御神の御心を理解することはできません。「天壌無窮の神勅」と「斎庭の稲穂の神勅」と「宝鏡奉斎の神勅」はいわば日本の神々の大御心を表現した神勅であり、一つひとつが別物ではないのです。例えば、「天壌無窮の神勅」を考えるときには、無意識にしろ「斎庭の稲穂の神勅」と「宝鏡奉斎の神勅」を同時に思い浮かべているというわけです。

上記の三大神勅は、奇しくも新約聖書に言う「三位一体」を連想させます。「三位一体」とは神と子と精霊の三者が一体であるとする教えです。神ヤーベの子はイエスキリストであり、また精霊でもあるとする教えです。これら三者に優劣があるわけではありません。ある時はヤーベであり、別の時はイエスキリストであり、また精霊なのです。つまり、三者は同一なのです。

一般的に言えば、キリスト教徒ではない私たちにとって、三位一体の意味を理解することはそう簡単ではないでしょう。しかし、天照大御神が下された三大神勅は三者が別物のように見えながらも揃っているからこそ意義があるのだと考えれば、三位一体と似通っているとも言えるわけです。

第2章

体験の時

前著出版以来今日までの1年間に大きな動きが見られました。これらを克明にたどってゆくと、2025年以降の世界情勢の方向が浮かび上がってきます。だからこそ、本書を理解するためにこれらの動きを腑に落とすことが必要になるわけです。

「和」と「夢」が示唆する日本の世界的役割

「歌会始」のお題

2024年1月19日に皇居において新年恒例の「歌会始《うたかいはじめ》の儀」が行われました。2024年のお題は「和」で、天皇陛下は以下の御製を詠まれました。

「をちこちの　旅路に会へる人びとの　笑顔を見れば　心和《なご》みぬ」

ご訪問先で温かく出迎えられたことを振り返りながら、人々の笑顔を見てご自分の心情が和んでゆく様を詠われたと解釈されます。

日本の各地を訪問されたことが中心なのかもしれませんが、もっと広げて外国御訪問の際の思いも含めて詠まれたのかもしれません。いずれにせよ、人々の歓迎の笑顔に心が和むということは、日本人のみならず全ての国の人々を大御宝と慈しんでおられることが窺《うかが》えます。

「和」は言うまでもなく聖徳太子の17条憲法の第1条に出てくる我が国の國體《こくたい》の精神であり、我が国の伝統的価値観の神髄を成すものです。2025年のお題は「夢」です。いずれのお題も、2025年以降の我が国の役割を象徴しているように感じます。つまり、伝統的価値観である「和（調和）」の世界観を示すことによって、世界に「夢」を与える時代であるということだと思います。

「和」の世界観の核となるのは第4章で検証する「神国観」です。我が国は国土・国民・君主の三者が神の所生（子供）であり、三者それぞれが神格を有する「神国」であることを基としています（国語学者の山田孝雄博士による前出の『肇国《ちょうこく》の精神』）。

重要なことは、「神国」であるのは我が国だけではないことを認識することです。そのうえで、世界各国がそれぞれの国魂《くにたま》に生かされて存在していることに気づくことができるような発信を心掛けるべきでしょう。我が国の「神国観」を、世界に夢を与えるメッセージとして発出すべき時が来たと感じます。なぜなら、以下に見るように現在の世界では我が国の伝統的世界観とは真逆の事態が進行中であるからです。

２０２５年のお題が「夢」であることとは、このような事態を打開して、明るい希望を持てるように、我が国が本来の使命に目覚めることを示していると言えそうです。

プーチン大統領の価値観

「和」は戦争とは無縁であるはずです。人類が戦争を望んでいるようには思えません。とするならば、何者かが人類の本能に反して戦争を扇動しているからではないかと考えられます。例えば、ウクライナを一方的に侵略した悪の権化のようにネオコン勢力から非難され続けているロシアのプーチン大統領は、敬《けい》虔《けん》なロシア正教徒であり、欧米で進行中の伝統的価値の破壊に早くから警告を発し続けています。これまで何度も述べてきたことですが、プーチン氏は一方的に侵略したのではなく、ロシア攻撃の前線基地化したウクライナからの軍事攻撃が迫っていたので、自衛の視点からウクライナの軍事基地を無力化するために特別軍事作戦を断行したのです。

既存メディアは一切報じませんが、プーチン大統領は日本を高く評価しているのです。その理由は、日本が伝統的価値を守りながら欧米近代化に成功した明治維新以降の発展ぶりにあります。ソ連崩壊後の混乱の中からロシアが再興できたのは、ロシア正教があったからだ、つまり伝統的価値を維持することができたからだと断言しているほどです。

プーチン大統領は現在、世界の諸悪の原因である世界統一を狙うDSを根絶するためにウクライナ戦争を戦っていると宣言しています。この戦争の終結後の世界に夢を与えたいと考えていることが想像されます。我が国の伝統的価値観とロシアの伝統的価値観には共通するものが窺えるのです。

プーチン大統領と並び伝統的価値の重要性を世界に訴えているのがトランプ大統領です。トランプ氏は2019年の国連総会演説で、アメリカの目標は「世界の調和」であると宣言しました。同時に、アメリカは決して社会主義国にはならないことに念を押しました。社会主義国とは、伝統的価値を否定して、権力者の恣意的なイデオロギーで国民を支配する体制を指します。トランプ氏の代名詞のごとく引用される「アメリカファースト」は孤立主義でも大衆迎合主義でもありません。「アメリカファースト」は「各国ファースト」と不可分のセットなのです。トランプ氏はこの演説で、各国は自らの伝統文化を大切にして、国民を宝とせよと強調しました。なぜなら、自国民を大切にすることによって、他国の異なる文化に敬意を払うことができるからです。

トランプはプーチンと同じく伝統文化を破壊しているＤＳと戦ってきました。前代未聞の不正選挙によってホワイトハウスを追われましたが、２０２４年の大統領選挙で当選し、２０２５年1月20日には復権します。なぜなら８０００万人のアメリカ愛国者の熱狂的支持があったからです。トランプに投票した彼らは、アメリカは建国の伝統的精神に従って生きるべきである、との信念の保持者たちです。

トランプ氏はアメリカ国民に夢を与えてきました。アメリカンドリームとは、金儲けに成功することではなく、アメリカ国家のために貢献することであると、アメリカ人に団結を訴えてきたのです。トランプのように人種差別をしなかった大統領は稀と言えます。トランプ大統領が常に訴えていたことは、自分を育ててくれた国家に対する恩返しです。トランプがビジネスに成功したのは、自由を尊重する国家が存在していたからです。

「夢」は実現するか

中東でも、イスラエルとパレスチナ国家の平和的共存という夢が実現しそうです。イスラエルとアラブ諸国が対立している以上、中東に平和は訪れません。2023年10月7日にハマスの奇襲で開始されたハマス戦争は、イスラエルが奇襲を知っていたにもかかわらず敢えて黙認したことによります。ネタニヤフ首相はこの機をとらえて、パレスチナ自治区の完全支配を目指しましたが、失敗しました。

国際世論を味方につけられなかったばかりでなく、ネオコンのバイデン政権からも停戦へ向け圧力を受ける羽目になりました。停戦は終局的に中東和平に繋がります。和平や平和こそ「和」の精神の極致です。ネオコンがハマス戦争でも敗北が明らかになったことは、世界に「夢」を与える結果となりました。

このような、ネオコンにとって戦争を画策する最後の舞台が東アジアになるであろうことは想像に難くありませんでした。この戦争は、ロシア・北朝鮮同盟のおかげで阻止されました。

日本も北朝鮮攻撃に参加させられることを回避できました。戦争に巻き込まれれば、「和」の国日本が崩壊します。日本が「和」の国でなくなれば、私たちは世界に誇れるものを失うことになります。同時に、世界も「夢」を失ってしまう危険があるのです。我が国の責任は極めて重いと言わざるを得ません。

我が国に対する軍事攻撃を防止するためには核抑止力が必要であるとの、核武装議論が盛んになってきました。議論自体は大変勇ましいのですが、実現可能性を考えた末での主張であるとは思えません。相互確証破壊核抑止論（MAD）への言及が見られないのです。核抑止力が成立するためには、中国が保有すると言われている300～500発の核弾頭を一夜にして獲得する必要があるのです。そもそも、原爆を投下したアメリカが日本の核武装を許すはずがありませんし、核の対象となるであろう中国は日本の核武装を国連敵国条項を援用して日本を先制攻撃する口実にする可能性が否定できないのです。我が国における核武装議論の不備を指摘しておきたいと思います。核廃絶を望むなら、核兵器を無力化する兵器を開発するのが筋というものです。

世界分け目の「関ヶ原」決戦が始まった

トランプ氏の復権

２０２４年11月６日をもって世界は変わりました。我が国はその準備ができていない状況にあります。

トランプ大統領は２０２５年１月から29年１月までの４年間が任期となります。次項で述べるように、この４年間はプーチン大統領と重なります。いよいよトランプ・プーチンのタッグによる世界の世直しが開始されるわけです。先に述べたように、世界はトランプ・プーチン時代に照準を定めて、水面下で調整が行われている様子が窺《うかが》えます。

フランシスコ・ローマ法王は2024年3月9日、スイス・メディアとのインタビューで、ウクライナに対しロシアとの和平交渉につくよう促しました。これはウクライナがロシアに敗北したことを世界に向かって認めたことを意味します。ウクライナのゼレンスキー大統領は表面上は領土奪還までは和平交渉に応じないという建前を崩してはいませんが、事実上外堀を埋められた感じがします。

もっとも、ウクライナ戦争の帰趨《きすう》はゼレンスキーが決めることはできません。ウクライナへの公然たる圧力は、アメリカ国務省ナンバースリーの国務次官を務めたネオコン戦士のビクトリア・ヌーランドが辞任したことと符合します。彼女の辞任はネオコンの退潮を象徴的に示す事件でした。彼女こそ、今次のウクライナ戦争の契機となった2014年のマイダン・クーデターを画策した張本人だったからです。ネオコンによるクーデター政権は露骨なロシア人排除政策を取ったため、プーチン大統領によるクリミア併合を招いてしまったわけです。当時のオバマ大統領は一方的にロシアに制裁を科しましたが、２０２２年２月のプーチンによる対ウクライナ特殊軍事作戦に対してバイデン大統領は数々の制裁措置を発動しました。しかし、これらの措置の結果、経済の停滞を招いたのはロシアではなく、制裁を科したアメリカや他のＮＡＴＯ諸国でした。プーチンにしてみれば、挑発された戦争でしたが、結果的にはプーチンのネオコン退治が成功裏に終わりつつあるという現状に繋がったのです。

プーチン大統領の最後の6年

２０３０年までの今後6年間がプーチン氏にとって最後の任期になります。先般のアメリカのジャーナリスト、タッカー・カールソンとのインタビューにおいて、悪魔退治を行うことを言明したことが注目されました。２０３０年の任期終了までに悪魔退治を完成させる決意を言外に秘めたものだとの印象を強く持ちました。

実は大統領選挙前にプーチンの名声を毀損するために反プーチン工作がNATO諸国で行われてきました。2018年のソールズベリー事件が想起されます。イギリス南部の小都市ソールズベリーで起こったのが、ロシアの二重スパイであったセルゲイ・スクリパリとその娘ユリアに対する神経ガス・ノビチョクを使った暗殺未遂事件でした。当時のメイ首相はプーチン大統領の命を受けた犯行と断定し、報復にロシアの外交官を追放しました。アメリカをはじめ情報共有された諸国もロシア外交官を追放し、総数は130人にも上りました。

2024年2月16日の反体制指導者とされるアレクセイ・ナワリヌイ氏が収監中の刑務所で死亡したのは、プーチンによる暗殺であるとのフェイク・ニュースを流して世界世論の反プーチン感情を煽《あお》りました。しかし、ソールズベリー事件と同様ロシア大統領選挙直前に起こったことはとても偶然とは思えません。

反プーチン勢力の意思が働いたと見るのが合理的です。なぜなら、2018年と同じようなタイミングで行われ、バイデン政権はプーチンによる暗殺と断定して新たな制裁を科すなど断罪したからです。ナワリヌイ自身はロシア政界では事実上無名に近い存在にすぎず、英米などの諜報機関に利用された可能性が強いと言わざるを得ません。2018年の時と比べて違いを挙げれば、タッカー・カールソンとのインタビューから世界の関心を逸らせる目的もあったと解釈されます。

いずれにせよ、ウクライナ戦争を仕掛けて失敗したネオコン勢力は、ウクライナから世論の関心を中東に向ける工作を行いました。これが2023年10月7日に突如勃発したハマス・イスラエル戦争です。

ネオコン・ネタニヤフ首相、退陣へ

ネタニヤフ首相はハマスの奇襲を知っていたにもかかわらず敢えて攻撃させ

たと言われています。何らかの魂胆があってアラブ側の奇襲を許したと解釈されます。ネタニヤフはイスラエルの自衛権を振りかざしてハマスへの全面戦争を宣言しました。

我が国の論者には、ハマスを過激派テロ集団として断罪し、イスラエルの自衛権を擁護する者が少なくないのですが、イスラエル＝善、ハマス＝悪という善悪二元論で割り切れるものなのでしょうか。彼らが結果的には落ち目のネオコン勢力に利用されている危険性はないのか、再考願いたいと期待しています。アメリカ政府自身が岐路にあるからです。

ネタニヤフの戦略は肝心のアメリカの全幅の信頼を得ることに成功しませんでした。バイデン政権はイスラエルの自衛権は支持していますが、ガザ地区への侵攻については人道的配慮からパレスチナ人の犠牲を出さないように留意するべきであるとの姿勢を表明しています。この点にも、今回のハマス奇襲の背後で画策した形跡が強いネオコンの力が衰えてきているのを感じざるを得ません。なぜなら、そもそもハマスはイスラエルが育成してきたからです。

ハマスは、中東のトラブルメーカーとして、ネオコンが利用しやすいテロ集団であったとみられます。過激派を利用するやり方は、国益重視の世俗派政権を倒して過激派テロ集団が跋扈《ばっこ》する無法地帯を生み出したアラブの春に酷似しているからです。

このような状態の中で、トランプ大統領の復権に伴い、かつてのアブラハム合意方式が復活することでしょう。イスラエルと周辺アラブ諸国との関係正常化です。着地点はイスラエルとパレスチナ国家の共存となり、これにより中東に和平が実現することになります。トランプのみならず、プーチン大統領もハマス戦争の仲介に意欲を示しています。

トランプもプーチンもナショナリストです。イスラエルはイスラエル・ファーストでやるべきだと、両者とも考えています。イスラエル自身グローバリストであるネオコンの軛《くびき》を脱して、ナショナリスト・ユダヤ人の支配するイスラエルの未来に向け舵《かじ》を切るべき時が来たと言えるでしょう。ナショナリスト・ユダヤとナショナリスト・パレスチナの共存が実現すれば、グローバリストのネオコン勢力は事実上行き場を失う結果になると見られます。

そうすると、紛争地域で残されたのは東アジアということになります。すわ台湾有事だと日本の偽保守が騒ぎそうですが、様々な機会に述べてきたとおり、実は韓国が北朝鮮を攻撃する有事の可能性の方が高かったのです。その可能性が現在は消滅しました。

地政学の終焉～グローバリズムから国民国家の共存世界へ

２０２４年３月から４月にかけての世界情勢の推移を観察してみますと、一つの特徴的な動きが私たちの目に見える形で展開し始めたと強く感じます。結論から言えば、これまでの世界政治の支配者たちが世界戦略の中枢に置いていた地政学的アプローチが意味を失ったことです。これは約200年前のウィーン会議以降、世界制覇のためにグローバリズムを推進してきた勢力が力を喪失したということです。この勢力とは、DSと呼ばれてきた世界を陰から操ってきた少数派を指します。

ハートランドをめぐる戦争

地政学の泰斗《たいと》とされるイギリスのハルフォード・マッキンダーは、今でも語り継がれている定理を明らかにしました。「東欧を支配する者がハートランドを制し、ハートランドを支配する者がユーラシア大陸を制し、ユーラシア大陸を支配する者が世界を制する」というものです。ハートランドとはロシアとウクライナを指します。世界を支配下に置くためには、どうしてもハートランドを支配することが必要なのです。

マッキンダーはなぜ、世界支配などという発想を持ったのでしょうか。見落としがちですが、地政学とは世界支配を目指す勢力にとって必要な思考なのです。昨今ロシアが世界制覇を目指しているとの偽情報戦が盛んですが、マッキンダーの定理が明らかにしているように、ロシアは世界制覇を目指してはいません。世界制覇を目指す勢力にとっては、目的達成のためにはどうしてもハートランドの中核ロシアを支配しなければならないのです。

ウクライナ戦争を仕掛けたアメリカに巣くっているユダヤ系のグローバリストたちは、彼らの故国であるハザール・ユダヤ教帝国（6〜10世紀に南ロシアに存在した放牧国家。ユダヤ教を受容した）がキエフ・ロシアに滅亡させられた怨《おん》念《ねん》がロシア嫌いの原因とされることが多いのです。だが、それだけではなく、世界を統一するためにはロシアを支配しなければならないというマッキンダーの地政学上の命題があったのです。

この命題に従いますと、2022年2月から始まったウクライナ戦争は、D

Sが世界制覇のために仕掛けたハートランドの支配をめぐる戦争であったと総括することができます。そう考えますと、このハートランド戦争で既に敗れたDSは戦争資源を使い果たしたため、世界制覇の夢を実現することに失敗したと言えるわけです。この世界史的意味は、いくら強調しても強調し過ぎることはありません。2025年以降、世界を支配しようとする勢力は現れないと考えられるからです。

ウクライナ戦争を通じてロシアを疲弊《ひへい》させ、ハートランドの支配権に手をかけようと企《たくら》んだグローバリストのDSは、プーチン大統領の巧妙な軍事作戦のために、ウクライナで敗北しました。それとともに、彼らはもはや世界政治上存在することができなくなりました。世界制覇に失敗した以上、彼らは自らの存在意義を喪失してしまったからです。今後は、自壊作業を続けてゆくことになるでしょう。歴史を振り返れば、巨大なローマ帝国がもろくも自壊した如く、存在意義を喪失した勢力はなすすべもなく自壊に任せるほかはありません。

彼らを自壊状態に追い込んだのは、プーチン大統領だけでなく、２０２４年11月の大統領選挙で復権したトランプ大統領を熱烈に支持する、反グローバリズムのアメリカ人大衆の力も大きかったと考えられます。

精神と物質のバランス

アメリカの保守系ジャーナリスト、タッカー・カールソンによるプーチン大統領インタビューが注目を浴びましたが、プーチン氏は特別目新しいことを発言したわけではありません。私が注目するのは「悪魔退治をする」というプーチンの決意です。この意味が十分理解されていない嫌いがあります。鍵となるのが、ドストエフスキーの『カラマーゾフの兄弟』中の大審問官の項です。プーチン大統領は政治とは国民の物質的要求と精神的満足のバランスをとることだと示唆しています。中世に異端審問に当たってきた大審問官は、人間は精神的救いよりも物質的救いを政治に求めるものであるので、政治家は物資的満足を与えるだけでよいと突き放すのです。

実は、大審問官が提起した問題意識は、今後の世界が解決しなければならない最重要な課題を教えてくれる気がしてなりません。『古事記』に記載されている天孫降臨の逸話は、天照大御神《あまてらすおおみかみ》の孫の瓊瓊杵尊《ににぎのみこと》の使命が、高天原《たかまがはら》（天）と豊《とよ》芦原瑞穂《あしはらみずほ》の国（地）を結ぶ役割を果たすことであることを示唆してくれています。天と地を結ぶというのは、精神と物質とのバランスをとるということですから、神道もキリスト教も同じ問題提起をしていると見ることができるわけです。つまり、精神と物質のバランスを如何にとるかという苦悩こそ、人類共通の課題なのです。ところが、世界制覇を目指すグローバリストの傲岸不遜な姿勢は、人類の基本的課題を無視するからこそ、逆にこれまで存在することができたと考えざるを得ないでしょう。

しかし、世界統一といった人間性を無視する態度が存在価値を失った今、彼らは世界をどうしようとしているのかを考えると、今まで議論されてこなかった問題が深刻な課題として浮かび上がってきました。

民族主義と普遍主義

これまで世界政府樹立について様々な議論が行われてきましたが、樹立されるべき世界政府の首都は何処になるのかの議論がすっぽり抜けていました。ユダヤ系フランス人のジャック・アタリは、世界の市場民営化による世界政府の樹立を論じていましたが、首都がどこになるのかには口をつぐんできました。私たちは、国際金融資本家たちの根城であるニューヨークのウォール街かロンドン・シティに世界政府の本部が置かれると思い込んできましたが、イスラエルに世界政府の各機関が置かれることになる暗黙の了解があったように思われます。世界政府はイスラエルも含め全世界を支配するのではなく、イスラエルという国家が世界統一政府の首都として君臨する世界になるというのです。この仕組みを理解するには、ユダヤ思想の二面性を見抜く必要があります。

ユダヤ人の歴史家マックス・ディモント（『ユダヤ人の歴史―世界史の潮流のなかで』ミルトス）によれば、二面性とは、民族主義と普遍主義です。ユダヤ人の歴史は移住から始まりました。ユダヤ人の祖とされるアブラム（後のアブラハム）に神ヤーベは「あなたは、あなたの土地、あなたの親族、あなたの父の家を離れて、私が示す地に行きなさい」（聖書 新改訳、創世記、12章）と命令し、アブラムは妻と甥を連れて神の示したカナンの地に向かったのです。以降、ユダヤ人は「旅人」として様々な場所で生活することになります。これが離散ユダヤ人ということになりますが、このパターンは現在まで続いています。離散の歴史の中から彼らが生き残りの方法として考え出したのが、この二面性なのです。

普遍主義とは、ユダヤ教が教える普遍的価値をユダヤ人以外の人類に広めること。いわば、ユダヤ普遍思想に人類を改宗させることです。この普遍思想がグローバリズムなのです。民族主義はというと、これはユダヤ人のみに許されるということになります。かくして、異邦人はすべてユダヤ化されるわけです。そうなると、イスラエル国家は安泰になります。

この考えに挑戦したのがトランプ大統領でした。「アメリカファースト、各国ファースト」はイスラエルの特権を否定するものです。トランプが目指したイスラエル国家とパレスチナ国家の共存は、イスラエルの安全を保障する究極の構図と言えます。現在のハマス戦争は、イスラエルが普通の国を目指す戦いともいえるのです。かくして、各国は自国の統治に専念することが可能となり、独自の文化を研磨することができるようになるわけです。

私たちは２００年を要しましたが、やっとグローバリズムの桎梏《しっこく》から逃れることができました。これからの世界は、各国の国民主義に基づく独立国家が共存する精神的共同体となることでしょう。私たちは今その入り口に立ったと言えるのです。

トランプとプーチンが世界を変える

“トランプ詣《もう》で”が始まった

2024年4月24日、麻生太郎自民党副総裁はニューヨークのトランプタワーでトランプ前大統領と会談しました。案の定、バイデン政権側は「恥知らずの行為」と非難しましたが、日本の与党議員がトランプに会ったくらいで感情的に反発するのは、度を越した反応と言わざるを得ません。3月には現職のオルバン・ハンガリー首相が、4月にはドゥダ・ポーランド大統領がトランプ氏とフロリダやトランプタワーで会談しています。イギリスのキャメロン外相もフロリダで会談しました。現職の要人より麻生氏の方が批判してもインパクトが少ないということでしょうか。それだけ、バイデン側に日本が軽く見られているということかもしれません。いずれにしても、バイデン側の二重基準は甚だしいと言わざるを得ないでしょう。

ＮＡＴＯ（北大西洋条約機構）のメンバーである現職首脳たちがトランプ氏と会談するというのは、２０２４年11月の大統領選挙でトランプ氏が勝利することを確信しての行動であったと見られても仕方ないでしょう。前代未聞の不正選挙で大統領に担ぎ上げられたバイデン氏が認知症を患い、正常な判断ができない状況にあることは、世界が見破っていたところでした。ＮＡＴＯ加盟国も含め、バイデン氏の退場に備え始めていたと考えて差し支えないと感じます。

そんなバイデン氏を大統領に据え置くことを背後のＤＳが決めていたと考えれば、バイデン氏以外に民主党から誰が出ようとトランプ氏には勝てないことを示唆しているとも読めます。では、ＤＳにはバイデン氏なら勝てるとの見通しがあったのでしょうか。不正選挙をやらない限り、それは不可能です。そう考えると、もう一度大規模な不正選挙をやるか、トランプ氏と妥協してこれ以上の追及から逃れるかの判断が迫られたのではないかと疑われます。今後のアメリカにおいて、トランプ氏に対する主要メディアや司法当局の態度が反トランプの姿勢を改めるようなことになれば、ＤＳ自体がトランプ大統領の当選を容認したと解釈できるのです。

岸田総理「訪米」の陥穽《かんせい》

２０２４年４月８日から13日までの岸田総理（当時）の米国訪問は、日本の既存メディアからは「国賓待遇」による異例の訪問と喧伝されました。ところが、そもそも「国賓待遇」ともて囃したのは日本のメディアだけで、岸田総理自身も「国賓待遇」であると実感されていたわけではないのです。４月10日の日米首脳会談後の共同記者会見の冒頭、岸田総理は今回の訪問を「公賓（official visit）」と説明しておられました。公賓ということは、総理の訪米が総理としての通常の訪問であったことを意味します。随所に岸田総理の心をくすぐるような厚遇が見られましたが、バイデン政権が得たものの方がはるかに大きかったからでしょう。

注目すべきは上下両院議会におけるスピーチでした。その内容は驚くべきものので、バイデン側のスピーチライターが書いた原稿を、身振り手振りよろしく読み上げたというのが真相と考えられます。なぜなら、日本人なら決して思いつかないような言い回しが随所に見られたからです。

極め付きは「self-doubt」、すなわち「自信欠如」という聞きなれない言葉です。最初に英語の原文があり、その後に日本語訳されたと想像されます。そもそも、日本語には該当する適切な単語がありません。おそらくスピーチライターが意図したのは、当時ウクライナ支援などをめぐり慎重な態度をとっていた共和党に対し、内心その姿勢に揺らぎがあるのではないかと問いかける内容で、バイデン政権の思いを代弁する一句だったのです。

このスピーチを読んで、私は日本人が書いた演説ではないと直感しました。わが古巣の外務省にも、ネイティブ並みの英語使いは少なからずいます。しかし、今回の岸田総理の演説のような文章は書けません。日本人の発想にない内容だからです。「self-doubt」は中世のキリスト教異端審問を彷彿《ほうふつ》させる言葉と受け取られる危険性もあります。

アメリカ人が書いて日本語訳されたものが、あたかも日本人が書いたもののように人口に膾炙《かいしゃ》するやり方は、日本国憲法の誕生の背景を思い起こさせます。日本国憲法の原文はＧＨＱの社会主義者であるニュー・ディーラーたちが書いた英語です。英語から日本語に翻訳したのです。ですから、日本人の思考に馴染まない条文が多数見られるわけです。当然のことですが、制定後77年経っても日本国憲法は日本人の憲法として根を下ろすことはないのです。現在の日本がアメリカの占領下にあることが改めて認識された岸田訪米でした。

岸田総理はウクライナ戦争が勃発した２０２２年当時、ウクライナを支援する理由を「今日のウクライナは明日の日本かもしれない」と説明しておられました。これは、今ウクライナを支援しておかなければ、いずれ日本がロシアに侵略される羽目になる、という認識のように受け止められました。ところが、先般の訪米ではこの部分が「今日のウクライナは明日の東アジアかもしれない」と変化していました。訪米の際に行われた日米比三国首脳会談が明日の東アジアを象徴しています。つまり、中国を抑止するという意味であり、さらに言えば、場合によっては中国と戦争せよとのＤＳの圧力に感じられるのです。

つまり、今回の日米会談の最大の関心事は中国との戦争であり、その際は日本が先頭に立つようにせよとの圧力を意味すると受け止めざるを得ないわけです。その萌芽はすでに２０２３年５月に行われたＧ７広島サミットの共同声明に窺《うかが》えました。サミットの関心はウクライナ支援ではなかったのです。台頭する中国にどう対処するかでした。日本に圧力がかかったというわけです。だからこそ、続く８月の日米韓首脳会談に結びつくのです。最後の紛争地東アジアに備えるための３カ国首脳会談でした。

イスラエルの正体

ハマス・イスラエル戦争がいよいよ終結に向け動き出したと考えられます。DSは何とかイランを介入させて、戦争を拡大したいと考えているようで、ネタニヤフ首相はシリアのイラン外交施設を軍事攻撃して、革命防衛隊の幹部を殺害しました。イランはイスラエル本土内の空軍基地に対してミサイル攻撃という報復に出ました。イスラエル側は米英軍の助けを得てほぼ完全に阻止に成功したと誇りましたが、完全阻止には程遠い状況であったことが米英のメディアによって暴露されました。

イスラエルは本土直接攻撃に対してイラン国内の核兵器製造地区を報復攻撃しましたが、攻撃の真相は現在までのところ明らかになっていません。その後、イスラエルはガザ地区南部のラファ攻撃に集中するようになったというのが現状です。これらから想像できるのは、イスラエルもイランもこれ以上の戦闘の拡大を望んでいないということです。そもそも、ネタニヤフが仲間であるイラン革命防衛隊を攻撃すること自体自殺行為です。ということは、ネタニヤフの戦争指導に抵抗している勢力がイスラエル政府内で増大していると言えるのです。

イスラエルとイスラム諸国は不倶戴天《ふぐたいてん》の敵かのように思われていますが、ユダヤ教とイスラム教の教義を比較すれば、イスラエルとアラブが共存できないはずがありません。イスラム教の始祖マホメットは最も優れた一神教徒であるアブラハムの昔に帰ろうと呼びかけました。イスラム教の教えの神髄は、旧約聖書レビ記19章18節にある「自分自身を愛するように隣人を愛しなさい」であり、ユダヤ教の教えの神髄もやはりレビ記のこの言葉であるのです。このように、イスラム教はユダヤ教の宗教改革版と言えるのです。

アブラハムと正妻サラとの子孫であるユダヤ人と、女中のハガルとの子孫であるアラブ人とは義兄弟であり、セム族に分類されます。ネタニヤフ首相以下イスラエル政府の要人の多数はセム族ではなく、白人ヤペテの子孫であるアシュケナージです。いよいよ、イスラエルの正体が世界に明らかになる日が近づいたと言えます。それとともに、DSの正体も私たちの目に見える形で明らかになってゆくことでしょう。私たちはこのような世界の秘密の暴露に備えることが求められているのです。

戦後レジームを脱却する時が来た

國體の危機

日本は今、國體の危機に直面しています。國體の危機とは、私たちの本来の生き方そのものが許されない状況を指します。國體は我が国の有り様ですが、常日頃意識して生活しているわけではありません。平時にあっては空気のようなものですが、國體がおかしくなると、国民の國體護持の本能に灯がともります。國體とは憲法のことなのです。憲法は「Constitution」と英訳されるので、昭和憲法を思い浮かべます。しかし、そもそも昭和憲法という言葉自体、憲法の何かを説明していません。昭和憲法の下での特別の生き方があるわけではないからです。どのような「憲法」の下であれ、私たちの生き方は変わらないからです。有史以来、変わりようがないのが國體なのです。

ところが史上初めて、岸田政権成立以来、国民は國體に従った生き方を拒否されました。これは国民に対する裏切り行為です。我が亡国政権は国民の魂を反日勢力に売り渡してしまいました。このような前代未聞の政権は、我が国の長い歴史の中で一度も存在しなかった非日本政権なのです。

２０２４年５月31日、このような非日本政権を糾弾する集会が行われました。ＷＨＯが正体を隠して推進しようとしているパンデミック条約に反対する４万人の愛国者が、日比谷公園の野外音楽堂を埋め尽くしました。その後の都内デモ行進は日没までに終了することができないほどでした。参加者の共通項は國體を蹂躪《じゅうりん》されたことに対する怒りと、國體護持への魂の叫びであったのです。

私は体調の都合で登壇できなかったので、メッセージを朗読してもらい、目覚めた愛国者の方々と思いを分かち合うことができました。

私たちの運命は私たち自身が決めることです。国連の一専門機関にすぎないＷＨＯは加盟国の拠出金によって成り立っていますが、加盟国以外に強力なスポンサーがいます。世界有数の製薬会社などのグローバリストたちにほかなりません。ＷＨＯのメンバー国の多くはパンデミック条約に反対しています。にもかかわらず、ＷＨＯは規則を無視してまでパンデミック条約を各国に押し付けようとしているのです。人類の命を守る目的からではありません。人口削減のため命を奪う狙いが秘められています。本来加盟国の僕《しもべ》であるべき国際機関が、主人たる加盟国に盾突いているのです。

国際機関の宿命

近代の最初の国際機関である国際連盟成立の歴史をひもとけば、国際機構の悪魔性が浮かび上がってきます。国際連盟を主導したウィルソン大統領は、いわゆる理想主義の下で国際連盟を唱道したのではありません。国家主権に干渉することができる枠組みを創生することこそが、国際連盟の隠された目的であったわけです。１９２０年の国際連盟成立以来、各独立国家は国と不可分の主権の一部を国際連盟やその下部機関に提供することを求められてきました。しかし、その結果は、国家間の紛争が解決されるどころか、解決が無用に長引いたり、当該国に直接利害を持たない諸外国が介入することにより、一方的な解決策を押し付けられたりする事例が頻発しました。国際連盟を提唱したアメリカ自身、議会の反対もあって加盟できませんでした。しかし、アメリカ政府に巣くうグローバリストたちは、連盟の外から口出しを続けました。我が国は、連盟の満洲事変に対する不公平な結論に抗議して脱退したのです。

国際連盟の表向きの名分は、それまでの二国間同盟に基づく安全保障体制を集団安全保障システムに移行することによって、世界平和を実現することでした。メンバー国全体が全メンバー国を守るというと聞こえは良いのですが、代償は大きすぎました。各国は紛争解決のために主権の一部を国際連盟に移管するという代償です。第二次世界大戦は国際連盟が成立したからこそ勃発したともいえるのです。言い方を変えれば、国際連盟は世界のグローバル化を推進する機関だったのです。

世界のグローバル化とは一握りの国際官僚たち、その背後にいる国際金融資本家たちのペット・アイデアです。国家の評価は民主化の程度だけでなく、グローバル化の度合いによってもなされるべきであるとのスローガンの下、彼らはグローバリゼーションは歴史的な必然性を有しているので、これに抵抗することは歴史に反することになるとまで嘯《うそぶ》いています。どこかで聞いた言葉ではありませんか。ロシア革命を主導したボルシェビッキ革命家たちが反革命派を弾圧するのに用いたロジックそのものです。このロジックを延長すると、グローバリストはグローバリゼーションの不十分な諸国に干渉することが許されるという結論になります。干渉の武器は選挙であり、マネーの力で選挙結果を左右することです。岸田政権がマネーの力に屈してしまったことは今さら指摘する必要もないでしょう。

彼らの世界認識は至って簡単です。市場が世界を席巻しており、市場を支配するのはマネーであるので、いずれ国家を含め市場の障害となるものすべてに対して、マネーで決着をつけることになると豪語しているのです。これは国家が民営化されることを予言したものとみることができます。国家の民営化とは選挙で選ばれた政治家ではなく、一握りのグローバリストが世界を支配することを意味します。彼らの手法はいつも同じで、人類の危機が迫れば世界政府が必要になるという宣伝です。パンデミック条約でＷＨＯが目指していることは、パンデミック対策を独占することによって世界政府を樹立するという野望です。彼らの狙いを阻止するためには、マネーに依存しない生活に戻る必要があります。

戦後レジームからの脱却

彼らが傲慢な理由は、彼らがマネーを発給する権限を持っているからです。彼らが所有する各国の民間中央銀行は、彼らの世界支配の道具です。改めて強調すれば、政府は通貨を発給することができません。この点こそ、今日の世界の矛盾を余すことなく証明しています。政府は民間中央銀行から借金することしかできないのです。1694年のイングランド銀行設立以来の彼らの秘密が、ウクライナ戦争後の今日、私たちの前に目に見える形で明らかになったのです。パンデミック条約反対も煎じ詰めれば民間中央銀行制度の廃止につながるのです。だからこそ、彼らは必死になってパンデミック条約を通そうとしています。しかし、グローバル・サウス諸国をはじめ多くの諸国が反対しています。2024年5月31日の集会は、世界の愛国者との共闘でもあったわけです。

我が国の歴史を顧みれば、國體の危機に際しては復古の精神で切り抜けてきました。第3章で検証するように、この伝統的力を「造り変える力」と喝破したのは、芥川龍之介です（『神神の微笑』）。紀元2～3世紀に儒教が伝来した際には、中国語の文献を日本語読みすることで、中国文明に呑み込まれることを阻止しました。六世紀に仏教が伝来した際は、神仏習合思想によって日本人が開祖である仏教宗派を生み出しました。日本国民の大半は仏教徒ですが、日本仏教徒なわけです。

16世紀にはキリスト教が伝来しました。キリスト教の影響力は強かったのですが、芥川はキリスト教もいずれ日本人化するとして、私たちの力は「破壊する力ではありません、造り変える力なのです」という含蓄のある言葉を残しています。以降、明治維新にあっては、造り変える力のおかげで欧米の植民地にならずに驚異的な経済発展を遂げることができました。

ところが、岸田政権は芥川が思いもしなかった奇策を採用しました。破壊する力の陣営に参加したのです。つまり、我が國體を真っ向から否定して、反國體陣営に馳せ参じてしまいました。先に述べたように、このような岸田政権に反対してピープルが目覚めたのです。ピープルの覚醒こそ彼らに対抗できる最強の武器です。悪魔であることを見破られた彼らは、退散する以外にありません。キリスト教伝来以来、反日分子を背後から操ってきた破壊勢力の終焉が近づいてきたといえます。安倍元総理の遺言である「戦後レジームからの脱却」とは、破壊勢力の日本支配から決別するということです。大調和の世界を目指すことが「日本の國體を取り戻す」ことなのです。私たちは今、勝利を手にしつつあるのです。

天皇陛下の英国ご訪問に思う新・神聖同盟の形成

ガーター勲章授与

２０２４年６月の天皇陛下の英国訪問は、天皇が世界の王室のリーダーになられた象徴的なご訪問であったと拝察いたします。もちろんそのような公式発表はありませんが、天皇皇后両陛下を迎えられたチャールズ国王とカミラ王妃の親しげな姿勢が、何よりも如実に物語っています。チャールズ国王は天皇陛下を迎えて、天皇陛下から励ましを受けられたと感じます。癌で闘病中の身でありながら、肉体的衰えをまったく感じさせない各種の行動に、医学的にはともかく精神的に癌を克服された姿を拝見したような気になりました。今回の訪問の意味は、チャールズ国王を癒すことにあったと感じます。天皇陛下はそのお役を十分果たされたと拝察いたします。天皇陛下の帰国を見送られた際のチャールズ国王の眼差しが、何よりも雄弁に天皇陛下に対する感謝の思いを物語っているような印象を受けました。

もう一つの大きな出来事は、天皇陛下がガーター勲章を受けられたことです。英国最高位の勲章ですが、儀礼的な授与ではなく、天皇陛下が世界の王室を纏《まと》める地位につかれたことを象徴する世界史的なご訪英であったと見ることができるのです。実は明治以来、今上陛下を含めすべての天皇がこの最も権威ある勲章をお受けになっておられます。実際に英国を訪問されたか否かに拘わらず、両国の長い交流の歴史を示したものと考えることができます。

現在ガーター勲章を保持されている外国人は、デンマークのマルグレーテ2世前女王、スウェーデンのカール16世グスタフ国王、スペインのファン・カルロス1世前国王、フェリペ6世国王、オランダのベアトリクス前女王、ウィレム・アレクサンダー国王、ノルウェーのハーラル5世国王、上皇陛下及び天皇陛下の9人のみです。加えて、日本では明治、大正、昭和の三天皇にもガーター勲章が授与されているのです。

上記の各王族は英国王室との血縁関係があるキリスト教徒の君主であるのに対し、血族関係もなくキリスト教徒でもない天皇に、明治天皇以来日本の歴代の天皇陛下にガーター勲章が授与されているのは何故なのでしょうか。

天皇と国王のスピーチ

その秘密を窺《うかが》い知るための鍵が、国王主催の歓迎晩餐会における国王と天皇のスピーチでした。チャールズ国王は開口一番、天皇陛下に「お帰りなさい」と日本語で切り出されました。この一言にチャールズ国王の気持ちが、そして今回のご訪英の意味が凝縮されていたように感じました。日英両国が世界の中で特別の関係にあったことに心を込めて言及されたことは、世界に対するメッセージであったように思います。これからの世界は日英関係とりわけ皇室と王室との深い関係が中心になるというメッセージです。

４００年以上にわたる深いパートナーシップに育まれて、互いに刺激を与え合い、互いの経験から学び、国王と天皇が登山という趣味を共有していることに触れ、これらの根底にあるのが深い友情であることを強調されました。日英には伝統的に自然を深く尊ぶ文化があり、このような基礎に立って日英両国政府は安定した世界を将来世代に残すべく協力していますが、この努力を支えているのが地理的な距離を乗り越えた日英両国民間の永続的な絆《きずな》であることを強調されました。

この絆という言葉がこれほど自然に感じられたことは、やはり国王のお言葉に心がこもっていたからだと感じました。国王はハローキティが英国で誕生したエピソードにも触れられましたが、日英両国民の自然な絆を彷彿《ほうふつ》させるものでした。

国王のスピーチは天皇皇后両陛下や日本国民に対する愛情が強く感じられるものでした。国王の天皇陛下に対する敬愛のお気持ちは、晩餐会だけでなく、歓迎式典においても、帰国を前にしたお別れの挨拶時の振る舞いにおいても、遺憾なく発揮されていました。国王は名残惜しそうに陛下と話を続けられ、また皇后陛下にチークキスの抱擁をして最後まで側で親愛の情を示しておられました。このように、ご病気にもかかわらず、終始笑顔で天皇皇后両陛下と話し合っておられましたが、医学的にはともかく精神的には両陛下に会うことによって病気を克服されたのではという印象を持ちました。

晩餐会における天皇陛下のお言葉も国王と同様日英両国の深い絆と国王との親しい関係に何度も言及されました。昭和天皇や上皇陛下の英国訪問に言及されて、皇室と王室との緊密な関係を改めて強調されました。世界の重要課題に日英両国がともに解決に向け手を携えてゆくことが重要であることを訴えられました。日英両国の長年にわたる心を開いた話し合いと真の相互理解への努力が実を結んで、世界を牽引している分野が今後も増えることに希望を表明されました。

陛下と国王のスピーチの共通項は「心」だと感じました。これからの世界は「心」の持ち方が極めて重要になることをお二人とも暗示されたのではと思います。

新・神聖同盟の形成

今回の英国ご訪問を通じて、世界は新・神聖同盟の時代に突入したとの印象を強く持ちました。過去200年にわたり世界を支配してきた勢力の敗退が明らかになったご訪問でありました。ナポレオン戦争の後始末をした1815年のウィーン会議において、ロシアのアレクサンドル1世は、戦争は宗教色が薄い国から起こるのでキリスト教国による神聖同盟を呼び掛け、プロシャ、オーストリアの賛同を得ました。キリスト教国の同盟に警戒を高めたのがユダヤ教徒のロスチャイルド家でした。ナポレオン戦争の結果ヨーロッパ随一の富豪になっていたロンドンのネイサン・ロスチャイルドは、米国のFRB（連邦準備制度）など世界各国に自らを株主とする通貨発行銀行すなわち民間の中央銀行の設置を推進してきました。

栄華を極めた国際金融資本家勢力でしたが、2022年のウクライナ戦争を仕掛けたものの失敗し、次にハマス戦争を画策したもののこれも失敗しました。行き場を失った彼らに残されたのが東アジアなのです。

日英の絆の正体

日英の皇室と王室との親密さは単に偶然のものではないことに、新約聖書のヨハネ黙示録を読めば気づかされます。ユダヤ人のガド族等12支族が世界に散らばったことを窺わせる記述が第七章にありますが、どこに行ったのか明確には述べられてはいません。しかし、縄文時代から日本に渡来したユダヤ人の一部に彼らがいた可能性は否定できません。ガドとは天皇の呼称である「ミカド」の基になったと言われています。また、青森地方にはイエス・キリストの墓が残っています。何らかの関連がなければ、このような伝説が残ることは考えられないので、キリストが日本に来て亡くなったとすれば、日本もある意味キリスト教国と言えるかもしれません。能登半島にモーゼの墓が残っている伝説も日本とユダヤの深い交流の歴史を物語っています。

田中英道東北大学名誉教授は渡来したユダヤ人が日本に同化した事実を、多くの古墳から出土したユダヤ人の格好をした埴輪《はにわ》の意味を解釈することによって、古代史に大きな一石を投じられました。また、ガド族が渡来したとすれば、キリスト教徒もある程度まとまって日本に同化したことになります。この説を裏付けるのが『肇国《ちょうこく》の精神』を書いた山田孝雄氏の神国観です。日本人の多くが渡来人の血を引いており、日本は君主のみならず、国土も国民も神の所生であるとの神国観は、天皇陛下や皇室の神髄を伝えるものです。

実はチャールズ国王もこの事実をご存じであると考えれば、今回天皇陛下に示された親愛の情を理解することができます。天皇陛下ももちろんユダヤ人やキリスト教徒との歴史的関係性をご存じであるのでしょう。今回の両者の親愛の情は、もう隠す必要がない状況に世界が突入したことを物語るものだと解釈することも可能です。

過去200年の反君主制の時代がついに終わり、真の神聖同盟の時代が開始されました。鍵になるのは国民が世界の平和と人類の繁栄に尽くされる天皇陛下の世界史的事業を支えることです。その時が来たことを深く自覚するべきでしょう。

トランプの平和が訪れる

ウクライナ戦争の真実

トランプ氏が大統領選に勝利した今、世界はどうなるのでしょうか。

まずは、ウクライナに平和が訪れます。2022年2月から始まったウクライナ戦争は、ロシアの勝利でほぼ終結しつつあります。日本や欧米のメディアはウクライナの優勢を報じていますが、実態は正反対です。

「ウクライナ軍の死者数が十万人に及ぶ」とフォン・デア・ライエン欧州委員長が2022年に発言したように、ウクライナ正規軍は事実上壊滅しています。ウクライナ戦争では、4万人のポーランド軍やその他NATO諸国の義勇兵がロシア軍と戦っていたのであり、ウクライナ軍はまともに戦闘をしていません。

要するに、ゼレンスキー大統領は、欧米やその背後にいるＤＳの操り人形に過ぎないのです。

トランプ氏は大統領選で勝利した暁《あかつき》には、「この戦争を24時間で終わらせる」と明言しています。ウクライナとロシアの間に立ち、停戦に導こうと考えているはずです。しかし、トランプ氏がやろうとしているウクライナ戦争の終結が実現すると困るのが、民主党とＤＳ勢力です。彼らの目的はウクライナに戦争を継続させ、ロシアの力を削ぐことにあります。彼らからすれば、ウクライナの国民が何万人死のうが関係ありません。

ゼレンスキー氏も彼らの腹の内や自分の役割を理解しています。自分の役割は、ウクライナ軍の最高指揮官としてロシアを軍事的に痛めつけることです。その役割が終われば、ウクライナ大統領としての存在価値はなくなります。

ゼレンスキー氏はユダヤ人であり、ウクライナ国民への愛着を感じていないように思えます。だからこそ、両親をイスラエルに避難させているのです。戦争が終結したらゼレンスキー氏自身もウクライナから亡命するでしょう。とはいえ、ＤＳは自分たちの思惑を知っているゼレンスキー氏を自由にさせてはならないと考えているはずです。逆説的ゆえに驚かれるかもしれませんが、ゼレンスキー氏はＤＳの息がかかるイスラエルよりも、彼らに抗《あらが》うプーチン大統領のいるロシアに亡命したほうが身の安全は確保されます。

DSの悪あがき

ウクライナ戦争でロシアの力を削ぐことに失敗したＤＳは、中東で新たな戦争を始めました。それが２０２３年10月７日から始まったイスラエル・ハマス戦争です。

ハマスは中東をかき乱すトラブルメーカーとして、ＤＳに支援されていました。イスラエルとハマスの戦争が泥沼化すれば、第３次世界大戦に発展することも考えられます。ＤＳは、世界を第３次世界大戦に巻き込むことで延命を図っているのでしょう。

ハマスの攻撃に背後にイランがいるという報道や、イランでハマスの最高指導者であったハニヤ氏が暗殺されたことで、イランを第3次世界大戦に巻き込もうとしていることも考えられます。

イラン国内の対イスラエル強硬派である革命防衛隊はDSの手先であり、最高指導者であるハメネイ師にも影響力を行使しています。ハメネイ師はイスラエルとの戦争を回避したいと考えており、過激な行動を繰り返す革命防衛隊には手を焼いているというのが実情です。トランプ大統領はイランによるアメリカドローン撃墜事件（2019年6月）に報復すると公言していましたが、後に止めました。その理由は、ハメネイ師の知らないうちに革命防衛隊が独走したことが判明したからです。トランプ氏は2020年1月、革命防衛隊のスレイマニ司令官を暗殺したほどでした。ハメネイ師はアメリカへの報復を宣言しましたが、実害のない形式的なジェスチャーでした。

トランプ氏が大統領として復活すれば、中東の混乱も終息するでしょう。それを見越してか、DSは東アジアを次のターゲットにしようとしています。2024年4月12日にホワイトハウスで日米比首脳会談が開かれ、3カ国による防衛協力が話し合われたとされていますが、アメリカは日本とフィリピンに中国と戦争をさせようとしているのではないでしょうか。

日本で有事が起きたときに備え、「有事が起きても、アメリカは日本を助けないのではないか」という理由から、核武装論も活発になっています。しかし、どこの国を対象にした抑止力で何発保有するかという大事な論点が欠けています。

日本にとっては、中国がおのずと仮想敵国となるでしょう。中国は300〜500発の核を保有しており、そうなると中国相手の抑止力として300〜500発の核を保有する必要があります。中国が日本を核攻撃するとなれば、おそらく国連憲章の敵国条項を根拠にするはずです。日本の核武装論者はその点を理解しなければなりませんが、完全に議論から抜け落ちています。

核武装を唱えるのであれば、どこの国に対する抑止力で、かつ何発保有するかという具体的な数字を出してから言ってほしいものです。

歴史が変わった9月13日

トランプ氏とともに今後の世界のカギを握っているのが、ロシアのプーチン大統領です。プーチン大統領も、エリツィン時代までロシアを裏から支配していたユダヤ系の新興財閥の政治支配を断ち切った愛国者《パトリオット》です。

外務省で欧州局長を務める中込正志《なかごめまさし》氏が２０２４年6月21日、モスクワを訪問しました。中込氏はウクライナ戦争でロシアを止める旨のことを言ったとされていますが、岸田総理が今まで散々ロシアを批判してきたなか、今さらそのようなことを言いに行くはずがありません。中込氏の真の目的は、拉致問題解決に向けた協力要請ではないでしょうか。しかし、その点については日本のメディアは報じていません。意図的に報じていないというより、勉強不足ゆえにパラダイムシフトに気づいていないのです。

　パラダイムシフトが起こったのは、２０２３年9月13日に極東ロシアでプーチン氏と金正恩《キムジョンウン》総書記が会談したときです。日本のメディアは「ウクライナ戦争で弾薬が足りないから、北朝鮮に支援を求めた」「弾薬を供与する代わりに、ロシアの最新軍事技術の提供を求めた」などと報じましたが、ロシアが北朝鮮に弾薬提供を求めるのであれば、プーチン氏が北朝鮮を訪問するのが筋でしょう。にもかかわらず、金正恩氏が特別列車でロシアを訪問したのです。この会談の真の目的は、北朝鮮とロシアの同盟締結です。会談の際に金正恩氏は、「ロシアは偉業を成し遂げた」と称賛しました。これはロシアがＤＳと正面から戦い、勝利を収めつつあることを評価する発言です。金正恩氏のロシア訪問や同盟締結の意味を理解するためには、北朝鮮がＤＳのトラブルメーカーとして、さまざまなことを仕掛けてきたことを理解しなければなりません。わかりやすい例が、1950年6月に発生した朝鮮戦争です。この年の1月、アメリカのアチソン国務長官（当時）が極東政策について、「台湾と韓国はアメリカの防衛線の外にある」という旨の発言をしました。アチソン・ドクトリンと呼ばれていますが、アメリカが台湾と韓国の安全保障に関心がなく、中国や北朝鮮に台湾や韓国への侵攻を事実上容認することを意味する発言です。その後、北朝鮮は38度線を越えて韓国に侵攻し、結果的に国連軍が介入することになりました。トラブルメーカーだった北朝鮮ですが、DSは韓国の尹錫悦《ユンソンニョル》大統領を影響下に置く代わりに、北朝鮮を放置したからこそ、北朝鮮はロシアとの同盟が締結できたのです。北朝鮮による日本人拉致問題は金正恩氏の祖父の金日成《キムイルソン》氏や父の金正日《キムジョンイル》氏がやったことです。日本が金正恩氏の責任は問わない代わりに、すべての被害者を帰国させることを求め、その協力をロシアに頼むべきです。

２０２３年9月13日の会談は、日本のみならず世界にとっても重要な意義があり、これを理解しなければ今の世界を読み解くことはできません。日本とロシアの関係において、重要な課題は北方領土問題です。北方領土問題も、戦後に日本に力を回復させないためにDSは在日イギリス大使館を通じて、千島列島の範囲をあいまいにさせることで永久的に争わせようとしました。また、四島一括返還を煽《あお》ったのもDSです。しかし、2018年に、安倍晋三総理（当時）とプーチン大統領が会談し、歯舞《はぼまい》群島と色丹島《しこたんとう》の二島返還という歴史的な合意がなされました。しかし、この合意は土壇場でくつがえされてしまった。このことについて、安倍総理は『安倍晋三回顧録』（中央公論新社）で「ロシア国内に反対する勢力があった」と述べていますが、その勢力こそがDSのエージェントだったのです。しかし、ウクライナ戦争などを通じてDSの力が弱まってきていることから、北方領土交渉が前進する可能性も出ています。

しかし前述したように、DSが韓国を自分たちの手駒にしようとしています。2023年8月、キャンプ・デービッドで開かれた日米韓首脳会談で、韓国が北朝鮮を攻撃することが話し合われた可能性もあります。もし朝鮮半島で戦争が起これば、日本も巻き込まれることは必至です。台湾有事を懸念する声が多くありますが、真に恐れるべきなのは朝鮮半島有事なのです。力を失いつつあるDSは、最後の悪あがきをしようとしています。

しかし、11月のアメリカ大統領選でトランプ氏が勝利したことによって、DSは崩壊するに違いありません。11月の大統領選は戦争か平和か、人類にとっての大きな選択でした。日本も他人事だと思わずに、今から対応を考えておくべきです。

トランプ大統領の戦略が読みにくい、何をしてくるかわからない、と言う報道が多いのですが、トランプ政権の政策を理解することは決して困難ではありません。むしろ、わかりやすいと言っても差し支えないくらいです。そのカギは、2019年9月の国連演説です。

トランプ大統領は、「アメリカは決して社会主義国にはならない」と宣言して、「各国の指導者は自国民を大切にするべきである」として、各国ファーストの神髄を、概略以下の通り述べたのです。

①国家の善政は愛国者のみ実現可能である。歴史に根差した文化に育まれ、伝統的価値を大切にする愛国者が、未来を築くことができる。

②愛国者こそが自由を守り、主権を維持し、民主主義を継続し、偉大さを実現できる。

③各国が自国を愛することによって、世界を良くすることができる。

④世界のリーダーがなすべきことは、祖国を建設し、文化を大切にし、歴史に敬意を払い、国民を宝とし、国を繁栄させ、道義性を高め、国民に敬意を払うことである。

⑤未来はグローバリストの手中にはない。未来は愛国者にこそある。未来は独立主権国家にある。このような国家こそ、自国民を守り、隣国を尊重し、各国の特性に基づく違いに敬意を払うことができるからである。

⑥アメリカが目指すゴールは、世界の調和《ハーモニー》である。独立主権国家が自国民を愛する統治を行えば、世界は調和することができる。

これらの特徴を一言でいえば、愛国主義者である指導者の利益と、国民の利益は一致すると強調していることです。この思想は、我が国の君民共治の政治体制や、ロシアの集団的共生体制、ソボールノスティと類似していると言えます。ソボールノスティとは、ロシア国民が強力な指導者との一体性を感じることによって、自らの存在を確認し、心の安寧を得ることができると言った意味です。このようなロシアに向かって、ロシアには民主主義が存在しないと批判することは、ロシアの本質を知らない自らの無知を曝け出していることに他なりません。

新・三国同盟が誕生したトランプ・プーチン・天皇陛下の最強タッグ

プーチン大統領の動き

ウクライナ戦争で実質的に勝利したプーチン大統領は、ＢＲＩＣＳやグローバル・サウス諸国に対する影響力を高めています。２０２４年9月3日に行われたＩＣＣ（国際刑事裁判所）加盟国モンゴルへの訪問は、プーチンがＩＣＣの欺瞞《ぎまん》など歯牙にもかけていないことを証明しています。ＩＣＣこそ、ＤＳの手先です。プーチン大統領のモンゴル訪問は、ＤＳの敗北にさらに1ページを加えたものでした。ＤＳが世界に張りめぐらした彼らの欺瞞の体制が、音を立てて崩れだした証拠の一つに数えられるものです。

ウクライナで敗北したＤＳはハマス戦争を画策しましたが、これにも失敗しました。彼らが支配していると見なしていた世界の世論が、ネタニヤフ首相に反対の狼煙《のろし》を上げたのです。ネタニヤフは西岸のアッバス議長と対立させるためハマスを育てていたのですが、このネタニヤフの戦略を支持していたバイデン政権が腰砕けになってしまったのです。

DSの手先であるネタニヤフの正体が明らかになった以上、中東においてもDSは敗れ去ったということができます。そもそも、ネタニヤフは本来のユダヤ人であるセム族ではありません。ノアの息子の一人白人種の祖となったヤペテの末裔です。セム族でないネタニヤフがイスラエルを支配していること自体が、DSにとって世界に知られたくないことでした。これからの世界はセム族がイスラエルの支配権を取り戻すことでしょう。

表題に記した「新・三国同盟」とは、米露日三者の協力体制のことを指しているのです。

新・三国同盟とは、かつての日独伊三国防共協定の復刻版ではありません。また、日清戦争で勝利した我が国に対し、租借した遼東半島を清国に返還するよう圧力をかけてきた、ロシア、ドイツ、フランスの三国干渉のごときものでもありません。世界の安定化を目指す新たな「三国同盟」です。これこそ、地球規模の大変革が想定される２０２５年以降の世界に相応しい我が国の生き方です。我が国の生き方とは、我が国の國體《こくたい》のことです。國體とは国の有り様ですから、２０２５年以降、私たちは古来の伝統的生き方そのものに、回帰することが可能となることでしょう。古来の伝統的生き方とは、君民共治の政治体制であり、それを支える祭祀共同体の精神なのです。

國體を守れ

自民党の次期総裁を狙うどの候補からも「新・三国同盟」や「新・神聖同盟」といった発想を窺うことができませんでした。誰が総裁になっても新たな潮流に的確に対処することができないでしょう。

天皇陛下が去る２０２４年６月の訪英の際ガーター勲章を授与されたことや、

また、チャールズ国王からヨーロッパの君主同盟の盟主になるよう依頼されたことなど、異次元世界の出来事程度にしか、日本国内ではこの意味がほとんど理解されませんでした。

そうなると、私たちにとっては、國體の一部である草莽崛起《そうもうくっき》に期待せざるを得ないわけです。私たち草莽は古来、天皇陛下を支えてきました。天皇陛下も私たちを慈《いつく》しんで下さいました。有史以来の我が国の伝統である君民共治を現在の日本で実現することが、私たち草莽に託された使命なのです。

各国にも草莽が存在しています。トランプ大統領を支えるのはアメリカの草莽たち、プーチン大統領を尊敬しているのはロシアの草莽たちです。２０２５年以降、世界の草莽が団結することが求められています。

我が国の草莽観の神髄は、戦前の国語学者である山田孝雄博士の「神国観」です。我が国は、国土、君主、国民すべてが神の所生であるのです。従って、私たち草莽は神の子孫です。トランプ氏を熱烈に支持するアメリカの草莽たちも、プーチンの下に団結しているロシアの草莽たちも、神のかけがえのない所生なのです。

草莽崛起はこれら3カ国を超えて、世界の動きとなって表れることでしょう。2025年以降は各国の草莽たちが立ち上がる時です。「アメリカン・ファースト、各国ファースト」のトランプ大統領も、「ソボールノスチ」の集団性精神を強調するプーチン大統領も、國體の守護者であり、草莽を愛する指導者なのです。今上陛下は二つの同盟の盟主として、大きな役割を担われています。世界の平和と安定の実現へ向けて、今こそ立ち上がらなければなりません。世界の草莽が主役となる世界を樹立する時が来たと言えるのです。

復権トランプ時代に備えよ！

2024年11月以降、トランプ時代が再来するのです。そして、日本も各国ファーストの下で、安倍元首相のいう「戦後レジーム」が終わりを迎えることになります。安倍元首相の遺言となった「戦後レジームを脱却し、日本を取り戻す」、これは分割統治からの脱却、日本国憲法の呪縛《じゅばく》から脱却するということでもあります。

ＧＨＱはわが国に神国としての主権を放棄させました。神国である誇りを骨抜きにされ、そのことに気づかないまま戦後八十年を迎えようとしている状況にあります。だからこそ、安倍元首相は「戦後レジームを脱却する」と叫ばざるを得なかったのです。

日本はアメリカの属国であり、独立していません。２０２４年9月に上梓しました『グローバリストの洗脳はなぜ失敗したのか』（徳間書店）にも詳述していますが、これを象徴的に表すのが、「昭和憲法」「東京裁判史観」「安倍元首相暗殺事件」です。

まず「憲法」とは英語ではコンスティテューション、本来の言葉は「國體《こくたい》」です。「國體」とは「国の有り様」であり、普遍的なもので変わることはあり得ません。我が国では、天皇陛下の下で国民が団結することが國體であります。しかし今、それが揺らぎ、おかしくなっていることをわれわれは遺伝子レベルで感じています。われわれの生き様そのものが否定されていると。ゆえに、私たちは居ても立ってても居られなくなっているのです。

さらに、「東京裁判史観」も、戦後80年にわたって、日本人を縛り続けています。「日本は侵略戦争を行い、人道に背く行いをした」という「原罪」を植えつけられ、歴史教科書に洗脳され続けてきたというわけです。

「原罪」を植えつけるGHQの施策として象徴的だったのが「日本国民に対する再教育計画（WGIP）」です。戦勝国史観、つまり原爆投下や大都市への無差別爆撃など、民間人の虐殺を行ったアメリカの正当化をはかるための日本人洗脳計画です。

終戦後すぐに戦勝国に都合のいい戦争の経験と解釈を、ラジオ番組や新聞記事などを通じて宣伝しました。日本から軍国主義が払拭《ふっしょく》されないかぎり国際社会への参加が許されないということを周知徹底させることが目的でした。日本の歴史、文化伝統を否定するだけでなく、日本人自身が自らを否定するように誘導したのです。

その先頭に立ったのが、渡部昇一《わたなべしょういち》先生がおっしゃる敗戦利得者です。そして戦後七十七年を迎えようとしたそのときに、「安倍元首相暗殺事件」が起きました。日本の独立を目指していたからこそ、安倍元首相は暗殺されたのです。

しかし今や、DSが勢力を失い、世界で政治の枠組みが変わり始めました。世界的に國體が変わったとも言えます。この大変革はウクライナ戦争でロシアが勝利したことからも明らかです。そして、2023年9月13日に金正恩《キムジョンウン》が極東ロシアを訪問し、プーチンと会談しました。それからちょうど1年後、北朝鮮は完全にロシアの同盟国になりました。北朝鮮はかつてDSの傀儡《かいらい》国家でしたが、今ではプーチンの同盟国です。

前述したように、拉致問題の解決は、プーチンに頼めば可能でしょう。しかし、石破茂首相は平壌《ピョンヤン》と東京に連絡事務所を設置する構想を明らかにしています。そんなことでは北朝鮮は動きません。能天気な発想です。北朝鮮がDSの桎梏《しっこく》から離れ、ロシアの同盟国になったことを、拉致問題の解決に活用するべきです。このような発想ができないようでは、石破政権も長くは持たないでしょう。

日本乗っ取り作戦

岸田政権は過去最悪の政権でした。意図的に1億2000万人の国民と敵対し、日本そのものをDSに売り渡してしまった。岸田文雄元首相による悪名高い破壊政策は、「LGBT理解増進法」と「移民問題」です。

LGBT法は、G7広島サミットにおいてのバイデン大統領の来日を人質に取られ、法案の内容を十分詰めないまま慌ただしく国会に提出し、野党案と合体して成立させました。

もともと差別のほとんどない日本に強制的にLGBT被害者を仕立て上げ、正常なマジョリティとの対立を法律によって固定化したのです。さらに、LGBT法は、ヘテロセクシャル（異性愛）に対する関心を萎《な》えさせること、つまり子供をつくることに関心をなくさせることを目的としています。これは少子化推進策そのものではないでしょうか。

移民という名の日本乗っ取り作戦も遂行されています。メディアが盛んに人手不足を報道している中、品川駅の遊歩道には「共生社会の実現のため、外国人の雇用に協力してください」との垂れ幕が掛けられていました。要するに、不法滞在外国人を積極的に雇用するようにとの政府のお達しと解釈できます。政府自らが不法滞在を奨励しているのです。

今年になって、特定技能外国人受け入れに関して、一連の閣議決定が行われましたが、要は人為的な人手不足解消策として外国人労働者の受け入れを推進する狙いなのです。岸田元首相は、中国に対しても媚びへつらっていましたが、石破首相も同様です。まさに「長いものには巻かれろ」という姿勢が根底にあるのでしょう。

さらに、われわれの税金を使ってウクライナ支援をするなど、ロシアに対する敵視政策を振りまきましたが、まるで虎の威を借る狐のような哀れな姿そのものでした。

衆院選後に石破少数政権のままでいるか、岸田政権に逆戻りか、はたまた政権交代か、といわれていますが、トランプ大統領との会談となれば、麻生氏や高市氏以外、誰もまともな話し合いができないでしょう。ましてや、安倍元首相と同じ立ち振る舞いができる人などいるはずもない。

トランプ・プーチン・安倍の構図

かつては、安倍元首相・トランプ前大統領・プーチン大統領の、三角協力によって平和が保たれていました。トランプ氏が安倍元首相に厚い信頼を置いていたのは言うまでもなく、安倍元首相はプーチン大統領のウクライナ侵攻決断の背景も「（ＮＡＴＯへの）不信感の中で、領土的野心ではなく、ロシアの防衛、安全の確保の観点から行動を起こしているのだろう」とよく理解されていた。

その証拠に、ウクライナ戦争の解決策は２０１４年に始まった和平合意「ミンスク合意」に戻ることだと常々主張されていました。

トランプ氏は、自身が大統領の時代には新たな戦争は起こらなかったと自慢していますが、その通りです。トランプ氏以外のグローバリズム政権のときにはアメリカは戦争ばかり起こしていました。しかも、アメリカ国民のための戦争ではなく、グローバリストの利益のためにアメリカ国民が利用された戦争でした。

特に９・11や湾岸戦争は、相手を挑発し、最初に攻撃をさせてアメリカが正義であると主張するやり方だったのです。大東亜戦争についても、同じようなやり方でした。

ブッシュ・ジュニア政権時に起きたアメリカ同時多発テロ事件、9・11は国際テロ組織「アルカイダ」が単独で行ったと言われていますが、アメリカの民間航空機をハイジャックするためには、なんらかの諜報《ちょうほう》機関の介入がなければできない話です。

その後、アルカイダの創設者であるウサーマ・ビン・ラーディンをかくまっているという口実の下に、アメリカはアフガニスタンを攻撃し、2003年のイラク戦争につながるのですが、その理由はイラクが大量破壊兵器を隠し持っているというCIAの偽情報でした。

「ウクライナ戦争」については、最初に手を出したプーチンが悪いという声がありますが、これはロシアの危機を理解していない意見です。プーチンはロシアを守るためにウクライナの軍事基地を叩いたに過ぎない。これは戦争ではなく「特別軍事作戦」なのです。ウクライナをロシア攻撃の前線基地に仕立て上げたのが、投資家・ジョージ・ソロスなのです。

本来、日本とロシアは条約を結んで関係を調整できる間柄でした。ロシアはソ連時代以外は条約を守る国でした。しかし、ＤＳにとっては、条約は破るために存在しています。

彼らは契約社会に生きていて、契約の欠点を突っついて利益を得ているのです。自作自演やマッチポンプのようなことをやっている。私が実際にニューヨークを訪れた際に出会ったＤＳの法律家たちは、そういう方法で商売をしていました。

自分で火種を撒き、それを爆発させて利益を得る。そういう人たちが、１８１４年～15年にかけて開催されたウィーン会議以降、２００年以上に及んで、ロシアやドイツなどを敵にする方法で世界を支配してきました。

トランプ大統領が登場するまでは、私たちはその枠組みの中で生きていました。そしてトランプ氏は、その体制を崩そうとしているのです。

しかもＤＳはウクライナ戦争とイスラエル戦争で精力を使い果たしました。

だから、彼らは大統領選においてもハリスが有利だという情報を流すことしかできなかったのです。ブリンケン国務長官が大統領選挙前に２０２４年12月いっぱいで退任すると言っていたのは、1月以降はハリス政権ではないということを暗示していたのです。

日本の外務省もおそらく同じような情報を持っているはずですが、外務省は東京裁判史観に基づいているため、東京裁判史観以外の歴史観を持ったトランプ大統領の再登場を望んでいなかったのです。日本の政治家たちも、東京裁判史観の中だと何も考える必要がないため、居心地が良いのでしょう。

今、中国とロシアの関係は要注意です。プーチンと習近平は表向きには友好的な関係を誇示しています。しかし、根本的にはロシア人と中国人の精神構造は全く異なります。ロシアは精神的な国民性を持ち、中国は即物的な国です。この二国が真の友好関係を築くのは難しいでしょう。しかし、現在の状況下では、プーチン大統領も敵を増やさないために、あえて表立った対立を避けているのでしょう。

中国は大国にはなれない

中国はDSの最後の砦《とりで》であり、グローバリストの一部でもあります。プーチン大統領は、その中国を利用しながら、DSと対抗しようとしていると考えられます。ロシアは攻撃型の国ではなく、防衛型の国ですから、中国もロシアの攻撃を恐れてはいません。むしろ、中国はDSから寝首をかかれないよう、さまざまな対策を講じていると考えられます。

中国はどうなるのか、これは非常に重要なポイントです。私は「チャイナ・ウォッチャー」とは見解が異なりますが、中国は国家ではなく、ただの「市場」にすぎないのです。その時々の市場を支配するトップが「皇帝」の役割を果たしているだけであり、今の習近平政権が倒れても市場は残ります。そして、その市場をまた別の誰かが取り仕切るのです。

過去には皇帝がその役割を果たしており、今の時代も習近平が「皇帝」として振る舞っています。世界は今後、習近平の後に現れた支配者とどうやって上手く市場の分割を行うかという話なのです。

中国の一般の人々にとっては、皇帝が誰であっても、自分たちのビジネスの邪魔さえしなければ問題ないわけです。だから、彼らは反乱を起こすこともなく、台湾への侵攻を企むような愚行もしないでしょう。台湾有事を煽る者もいますが、それは武器を売りたい勢力によるものです。

中国には「敬遠」を

自民党総裁選の2日前、2024年9月25日に中国は太平洋に向けて弾道ミサイルを発射しましたが、これは日本に対する圧力・警告の意味合いが強いと思います。候補者や選挙人たちに「中国という存在を忘れてはいけない」ということでしょう。簡単に言えば、「軽視するな」ということです。

こういった中国の核保有に対して、前述のような核武装論も最近よく話題になりますが、これについては非常に無責任な意見が多い。日本が核を持てば良いという人もいますが、誰を対象に核を持つのかを考えなければなりません。基本的には中国に対抗することになりますが、中国の戦略核は300発から500発もあると言われています。

大量の核を保有する中国に対しては、核を持つだけで抑止力になるという考え方は非常に危険です。1発持ったところで、中国がそれを恐れるわけではありません。30発や50発程度でも同様、中国より少数の核で対抗するのは無理があります。日本が中国に対抗するためには同等の数の戦略核を持たなければなりません。

「相互確証破壊（MAD）」という、相手国を確実に破壊できる報復用の核戦力を、見つかりにくい潜水艦発射弾道ミサイルの形で保有するという冷戦時代の理論もありますが、これも実際には試されたことがありません。とはいえ、数のパリティ《同等》を持たない限り、威嚇になるかは不明です。

私たちは、以上のような前提の下で、中国との付き合い方を考えなくてはなりません。

中国脅威論が依然として根強い昨今ですが、ＤＳにとって最後の砦である中国は、決して大国にはなれません。その理由は簡単で、中国はエネルギーと食料を自給できないからです。中国を恐れるチャイナ・ウォッチャーの連中は、この中国の隘路《あいろ》を理解していないことになります。

では、中国とどう付き合うか。「敬遠」は一つの選択肢です。中国の脅威に備えつつ、中国には深くかかわらないという軸を失わずに、日本の舵取りを行うべきです。

トランプ政権の4年間は、日本にとって大きなチャンスです。東京裁判史観にとらわれていないトランプ氏とパートナーを組める日本のリーダーが現れれば、日本は大きく変わる可能性があります。

戦後レジーム脱却のチャンス

例えば、トランプ氏に靖國神社に参拝してもらえば、日本にとって大きな意義を持つでしょう。小泉純一郎政権のときにはブッシュ元大統領が参拝を止めて明治神宮に行きましたが、トランプ氏なら違うかもしれません。

戦後レジームの脱却の年となり、トランプ氏が大統領となった2025年には、より大きな真実が明らかになるでしょう。そのためには、私たちがいろいろな視点から物事をとらえ、全体像を把握しなければなりません。

そしてわれわれ日本人は、日本の伝統的統治体制である「君民共治」を実現し、世界の師表となる必要があります。君民共治とは、天皇陛下の権威を一方に戴《いただ》き、他方に民による権力行使を可能にする政体です。権威と権力の二権分立ではありますが、単なる分立ではなく、民もまた天皇陛下と同様の権威を備えた存在であることが重要なのです。

２０２３年11月に刊行した『馬渕睦夫が読み解く２０２４年世界の真実』（ワック）で詳しくお話ししましたが、これは山田孝雄氏が文部省編『肇國《ちょうこく》の精神』の中で、日本の祭祀共同体精神は、我が国を神国とする私たちの自覚に基づくとして、論じられています。そして、彼の思想は、芥川龍之介と田中英《ひで》道《みち》・東北大学名誉教授と偶然ではなく、一致しています。

やっと私たちは、何を目指すべきか、その課題にたどりついたのです。トランプ・プーチン時代に生きる私たちは、この課題を実現する義務があると言えそうです。

第3章

実践の時

さて、現在私たちが問われているのは、具体的な実践です。私は本章で芥川龍之介の『神神の微笑』を新たな視点から読み解いてみたいと思います。この作業を通じ、私は改めて芥川の思想を理解することができた気がしてなりません。今まで、若干の歴史家が芥川のこの短編を取り上げてきましたが、それらのどの見方とも異なる解釈を発見しました。それを読者の方々と共有することによって、日本の歴史の神髄に迫りたいと思います。

『奉教人の死』（新潮文庫）に収録されている『神神の微笑』は、僅か20ページの短編ですが、最も優れた日本文化論であることは論を俟《ま》ちません。しかし何度も読み返してみると、実は天下がひっくり返るほどのインパクトを持った内容であることが、次第次第に明らかになってきました。本書を通じて読者の方々とこの感動を共有したいと念願しております。

当初、芥川は私たち日本人に対して、１９２２年の段階でユダヤ・キリスト教文明と日本文明との戦いに決着がついていないとの前提で執筆していたものと私は考えていました。しかし、彼の文章の端々からは、そうではないことが感じられたのです。つまり、もうとっくに決着しているが、その事実に国民が気づいていないことに警鐘を鳴らしたと解釈できるのです。

なぜ、モーゼが出てくるのか？

同著はイエズス会から日本に派遣された実在の神父であるPadre《パードレ》 Organtino《オルガンティノ》が直面した、日本での宣教の困難さを描いた物語だと解釈していました。その解釈自体が誤りと言うわけではありませんが、しかしそれならモーゼがわざわざ言及される必要はないわけです。

モーゼが奴隷に落とされていたエジプトのイスラエル人たちを率いて、パレスチナの地を目指したことが詳しく言及されているのです。しかも、紅海を渡った後、シナイ半島を40年間も彷徨《さまよ》ったとされています。

私自身シナイ半島を訪れたことがありますが、エジプトから40年も彷徨うことなどありえません。ほんの二、三日で十分です。では、この40年の間にどこへ行っていたのでしょうか。日本へ行ったという言い伝えが残っているのです。能登半島にはモーゼの墓の伝説が残っています。何もなければ、このような伝説が残るはずがありません。

そのモーゼの死骸を大天使ミカエルと地獄の悪魔が争っていたというのです。オルガンティノはリスボンに帰りたいと念ずるのですが、日本の魅力にも捨てがたいものを感じているのです。デウスの名を唱えても、一層胸が苦しくなってしまうのです。

「この国の風景は美しい。気候もまず温和である。土人は、——あの黄面《こうめん》の小人《こびと》よりも、まだしも黒ん坊がましかも知れない。しかし大体の気質は、親しみやすいところがある。のみならず信徒も近頃では、何万かを数える程になった。

現にこの首府のまん中にも、こう云う寺院が聳《そび》えている。して見ればここに住んでいるのは、たとい愉快ではないにしても、不快にはならない筈ではないか？」

オルガンティノは悩み続けるのです。憂鬱の思いに沈んでしまい、リスボンに帰りたい、この国を去りたいという思いが募り、どの国でもよいから行きたいと思うのです。支那でも、沙室《シャム》（タイ）でも、印度でもどこでもよいので、日本から一刻も早く逃れたい。しかし、日本の風景は美しい。気候も良い。このような日本の良さにやはり心惹かれると言うわけです。

オルガンティノは桜の花を見ただけで「御主守らせ給え！」と十字を切るほどに、桜が不気味に見えたというのです。

オルガンティノは桜を見ただけで心は不安になると言うのです。桜が日本そのもののように見えてしまう、となるとこれは一種のうつ病と言えなくもありません。桜に特別の魔力が宿っているわけではないのに、それでも不安になってしまう。このように心に不安を感じるようになれば、オルガンティノならずとも日本の魔力に負けてしまいそうになるはずです。このような心の状況では、いくら祈りをささげたとしても心の安寧を得ることができなくなってしまいます。

彼は教会の中でデウス・キリストに祈りをささげるのですが、この祈りが彼の属するイエズス会の神イエス・キリストでないのは何故なのでしょうか。オルガンティノはイエズス会の修道士であるはずです。それにもかかわらず、祈るのはイエス・キリストではなく、旧約聖書の絶対神デウスなのです。気にしなければ、通り過ぎてしまいそうな一文ですが、気にし始めると簡単に前へ進めなくなってしまいます。果たして、オルガンティノはキリスト教を広めに来ていたのでしょうか。芥川龍之介はそうではないと見抜いていたのではないかと、考えたくなります。

デウスだけではありません。先に述べたように、エジプトで奴隷に貶められていたイスラエル人をカナンの地に連れ戻そうとしたモーゼに対しても、祈りをささげているのです。モーゼに対する言及が多いことに注目する必要がありそうです。

オルガンティノは以下のように祈禱に力を込めたのです。

「南無《なむ》大慈大悲の泥烏須《デウス》如来《にょらい》！　私はリスポアを船出した時から、一命はあなたに奉って居ります。ですから、どんな難儀に遭っても、十字架の御威光を輝かせる為には、一歩も怯まずに進んでまいりました。これは勿論私一人の、能くする所ではございません。皆天地の御主《おんあるじ》、あなたの御恵《おんめぐみ》でございます。が、この日本に住んでいる内に、私はおいおい私の使命が、どのくらい難いかを知り始めました。この国には山にも森にも、或は家々の並んだ町にも、何か不思議な力が潜んで居ります。そうしてそれが冥冥《めいめい》の中に、私の使命を妨げて居ります。さもなければ私はこの頃のように、何の理由もない憂鬱の底へ、沈んでしまう筈はございますまい。ではその力とは何であるか、それは私にはわかりません。が、とにかくその力は、丁度地下の泉のように、この国全体へ行き渡って居ります。まずこの力を破らなければ、おお、南無大慈大悲の泥烏須如来！邪宗に惑溺《わくでき》した日本人は波羅葦僧《はらいそ》（天界）の荘厳を拝する事も、永久にないかも存じません。私はそのためにこの何日か、煩悶に煩悶を重ねて参りました。どうかあなたの下部《しもべ》、オルガンティノに、勇気と忍耐とを御授けください」

この後、彼は鶏の鳴き声を聞きます。ところが鶏は一羽どころか、無数の鳥が飛びまわったり、駆け巡ったりして、彼の眼には鶏冠《とさか》の海のように見えたのです。ここで、彼は十字を切るのですが、手が全く動きませんでした。

ここで、彼は高天原での日本の神々の集いを目撃するわけです。その中にあって、大天使ミカエルを描いた神殿の壁が霧のように夜に呑まれてしまったというわけです。目を凝らすと、一人の女神が　桶《おけ》の上で踊り狂っているかに見えました。裸同然の姿で舞い踊る女神は、情欲の塊に見えました。顔を背けようと試みましたが、神秘な呪いの力なのか、見動きさえ容易ではなかったのです。そのうちに沈黙が辺りを覆います。その中から、天照大御神の美しい声が厳かに聞こえてきたのです。

世間が暗闇になったはずなのに、神々が楽しそうに笑い興じているとは、いったい何事が起ったのか。それにこたえて、踊りの女神は「それはあなたにも立ち勝《まさ》った、新しい神がおられますから、喜び合っておるのでございます」としとやかに返事をしました。

それを聞いて、オルガンティノは、新しい神と言うのは泥烏須かもしれないと期待感を示すのですが、岩屋の戸が開かれ天照大御神が現れると、洪水のように光が周りに充満したのです。大日孁貴《おおひるめむち》と称える神々の声に、オルガンティノは倒れこんでしまいました。

芥川龍之介が強調した「日本列島の同化力」

オルガンティノは、この国の霊と戦うのは、思ったよりもっと困難らしい、勝つかそれとも負けるか、と呟く彼の耳に、「負けですよ」とささやく声が聞こえてきました。

負けると断言したのは、日本を古来守護してきた老人の霊の一人です。日本はこれらの霊人が守ってきたというわけなのです。この老人は、過去日本に齎《もたら》された儒教や仏教が、結局日本によって征服されたことを説明します。その力となったのが、「造り変える力」です。言い換えれば、同化する力なのです。

ここで芥川が強調したかったのは、日本列島が持つ同化力によって、渡来人はすべて日本人に変質してしまったということなのです。儒教の文献を中国語読みではなく、日本語読みにして、中国文明の日本侵略を防止しました。仏教に対しては、神仏習合の思想によって、印度の仏は日本に神々の化身であると、日本人を説得しました。確かに、私たちの殆どは仏教徒ですが、日本人が開祖である日本仏教に帰依しているというわけです。

では、この考え方を渡来人がもたらした文化に当てはめますと、これら外来文化は最後には日本文化になってしまったという結論になるのです。この間の事情を東北大学名誉教授の田中英道先生は、数々の書籍の中で学問的に明らかにしてこられました（例えば、茂木誠氏との対談『日本とユダヤの古代史&世界史』―ワニブックス）。

ユダヤ系渡来人たちは常に少数派で、支配者を補佐する役割を果たしたとして、天孫降臨の際、国津神として瓊瓊杵尊《ににぎのみこと》の道案内を務めたのが猿田彦命《さるたひこのみこと》であることを明らかにされました。また、ザビエル来日の1000年前に、ネストリウス派キリスト教徒の蘇我氏が渡来していました。

815年に編纂された、平安時代の貴族の名簿である「新撰姓氏録《しんせんしょうじろく》」によれば、当時の日本の3分の1が渡来人の子孫であり、その3分の1がユダヤ系であることをあきらかにしています。単純計算すれば、日本人の9人に1人がユダヤ系渡来人の子孫と言うことになります。つまり現在、約1400万人がユダヤ人の血を引いていることになります。この数字は、現在における世界最大のユダヤ人口であることを意味します。

同様の事実を、第4章の戦前の国語学者山田孝雄《よしお》博士も述べておられます。このように考えますと、芥川も田中氏も山田氏も同じ結論を強調しているわけです。これをまとめますと、1922年の段階で、芥川は日本におけるユダヤの運命を良く知っていたということになります。日本が既に、ユダヤ人を同化してしまっていたことを誇らしげに同書で示したことになるわけです。だからこそ、『神神の微笑』の最後にあるように、オルガンティノのような宣教師たちは、三世紀以前に描かれた南蛮船入港の古屏風の中に閉じ込められているとの勝利宣言に結実したと言えるのです。

南蛮船入港を眺めているオルガンティノに対し、芥川は我々日本人の作業が大砲のごとく宣教師たちの夢を破ることになると言い残しています。私たちは、オルガンティノのいる南蛮寺からアベ・マリアの鐘が響いても、なぜか天照大御神を賛美する敬虔な鐘に聞こえてしまうのです。クリスマス時期にはジングルベルが町中に聞こえますが、日本人が陽気になる響きを持っているのです。ハロウィーンのかぼちゃの飾りもどこか日本的で親しみを感じてしまいます。このように、ユダヤ文明は日本に完全に同化してしまったと言えるわけです。ジングルベルの後に来るのが、除夜の鐘です。その荘厳な響きを聞きながら、私たちは神社仏閣に初もうでに出かけます。これら一連の動きは何ら矛盾していません。クリスチャンの方々も蟠《わだかま》りなく初もうでに行かれ、新年を迎えるのです。私たちはこのような素晴らしい国に住んでいます。皆でこの国を守りたいものです。この世に生を受けた私たちの日本に対する神聖な恩返しの神髄が、此処に見出せるのです。

　我々は、もう勝利していたのです。宣教師たちを動けないように屏風の中に閉じ込めてしまった日本。その末裔である私たちは、今何をすべきなのか、芥川はそれを私たちに問いかけているように思えてなりません。その答えは、第4章に書きました。私たちは、現在における使命に今やっと辿り着くことができたのです。

第4章

草莽崛起《そうもうくっき》の時

「保守」とは、天皇を正しく理解し、お守りすることに尽きる

さてみなさん、これまで本書を読んでこられて、どのような印象をお持ちになったでしょうか。いわゆる「保守」を名乗る言論人たちが増える一方の現在、保守とは何かを説明できる方は何人おられるのでしょうか。現在の保守論が隔靴《かっか》掻痒《そうよう》であることに危機感を覚えたため、日本の國體を守るために本書の出版に至ったと言っても、過言ではありません。

本書を読んでいただければおわかりのように、保守とは天皇を正しく理解し、天皇をお守りすることに尽きます。私たち日本人の軸こそ、天皇なのです。日本国家は天皇と不可分であり、日本人もまた、天皇と不可分の一体であるのです。

本書で述べてきたように、日本国家の伝統的統治形態は「君民共治」ですが、

君民共治は単に天皇の権威と国民の権力の分立ではありません。私たち民もまた、天皇陛下と同様に権威を備えた存在であることを自覚することが肝要なのです。そういわれても、俄かには腑に落とすことが困難な方が大方でしょう。そこで、私たちは、日本が神々の思いから誕生した国であること、すなわち「神国」であることを理解する必要があるわけです。

國と言うものは神々の意思で造られた存在であると言うことが、本書の全編にわたり、流れている思想なのです。この思想を明確に表現されたのが、戦前の国語学者の山田孝雄《よしお》先生です。

山田孝雄氏は『肇國《ちょうこく》の精神』（昭和13年文部省編）のなかで、わが国の君民共治の國體を支える軸が、祭祀共同体の精神であり、それは国民自身がわが国は神国であることを自覚することが出発点であると鋭く指摘しておられます。

「この神国観は、この国が神から生まれたということを基として起こる思想であるが、神を祖として生まれたその子は当然神と本質を同じくするものであらねばならぬ。即ちこの国においては国土・国民・君主三者みな神の所生であり、その神の正系を伝えたまうが天皇であると確信している。ここに天皇の現人神であらせられることは勿論であるが、国土も神格を有し、国民も神格を有すると考える」（『肇國の精神』）

この短い文章の中に、我が国の國體の神髄が込められています。もし、私たちが「日本とはどのような国なのですか？」と質問されれば、間髪を入れずに「日本は神国です」と答えることが必要なのです。

ただオーム返しに応えても、相手には伝わりません。自らが納得していないと、発する言葉は感化する力を持ちえないからです。

わが国の國體を一言で説明した文章であるがゆえに、その理解には広い知識と感性が求められているというわけです。我が国の何万年にも及ぶ歴史と人間とは何かという問いかけに対する私たちなりの解釈を備えていることが必要なのです。

しかし、われわれにはなかなかすとんと腑に落ちません。私たち国民は神の子どもであると論じているのですが、読者の方々のなかには自らが「神の子どもである」と言われても、俄かには信じられないという方がほとんどかもしれません。

そこで、角度を変えて検討してみましょう。そもそも、私たちはなぜこの世に存在しているのでしょうか。ただ、漫然と生まれてきたのでしょうか。そう考えますと、私たちの存在は誰かの意思が働いた結果であると見ることができるようになるのではないかと思います。

常識的には、父母の性行為によって誕生したのですが、人間が誕生する確率は精子一億個のなかの一個が受精することによるのですから、私たちがこの世に生まれ出たのは、一億分の一の奇跡の結果です。

このような気の遠くなる確率が存在している事実は、大いなる意思が反映されたと素直に受け取るべきではないでしょうか。

中途半端な理屈を並び立てる前に、素直さを取り戻すことが求められているといえます。私たちの周りで生じているさまざまな現象を、素直な心で受け止めることによって、私たちはこの世界の秘密に迫ることができるのだと感じます。この世の秘密を理解すれば、私たちがなぜ今生きているのか、正確に言えばなぜ生かされているのか、が突然わかるようになるはずです。

私自身、このような試行錯誤を経て、やっと今の心境にたどり着きました。その経験があるからこそ、日々悩める凡夫の気持ちがわかるようになったのです。

国土・国民・君主の三者は同じ血を有する血族

では、国土も神格を有するとはどういうことでしょうか。

山田博士は、私たちが住むこの日本列島は神から生まれた土地であり、それゆえに神の性格、神格を有すると言っているのです。日本列島は神の子どもであるから神と性格を同じくしているというわけです。一般には、土地は物質であり、物質に神が宿っているとは考えません。

しかし、『古事記』を読めば、日本列島はすべて伊邪那岐《いざなぎ》、伊邪那美《いざなみ》の二神がお生みになったと記述されています。しかも、天津神《あまつかみ》の指導の下に、日本列島を生み出すという大事業を完成されたのです。であるならば、日本列島は当然生みの親である伊邪那岐、伊邪那美の神格を有することになります。

伊邪那岐命がお生みになった天照大御神の孫である瓊瓊杵尊《ににぎのみこと》が日本に降臨され、曽孫の神武天皇が即位されて、ここに日本国をしらす（知らす・治らす）体制が確立します。以来今上天皇まで126代の天皇陛下は当然神の子どもであり神格を有することは、自然に受け入れられることでしょう。

天皇の存在そのものが現人神であることに疑いは生じません。しかも、神の子どもである私たち国民自体も現人神なのです。このように、わが国には1億

2千万人の現人神が存在しており、文字通り「神の国」なのです。

この認識が保守の本質といえます。

昨今、保守という言葉が無造作に使用されていますが、保守の神髄は天皇陛下を始めとする皇室の方々、国民、そして日本列島の三者が神の性格を有しているということを認め、敬意を表することに尽きます。

本章が草莽崛起の時代が来たことを強調している理由は、2025年以降草莽が歴史の主役となる時がやって来たという厳粛な事実です。

そこで、このような認識に基づき、私たちはどう行動すべきかが喫緊の課題です。言うまでもないことですが、わが国は神国であることを知っているだけでは、何の意味もありません。問題は、神国であることを実際の行動で示すことです。

行動で示すとは、どのようなことでしょうか。たとえ私たちが神格を有することを実感していなくても、神の子どもであることの意味を自らの研鑽努力によって究めることによって、神の本質に迫ろうとする心意気が必要なのです。

この自覚が、われわれは世界の模範となる人間にならねばならないとの気力を生むことになるはずです。さらに、国土が神格を有するという自覚は、わが国をいたずらに戦争に巻き込んではならないとする自重心を起こさせるはずです。かつて軍国思想が日本を戦争に巻き込んだと、いわゆるリベラルたちが日本を貶めて全く恥じなかった過去を忘れてはなりません。

言うまでもなく、他国との戦争は日本の国土を汚すことになるからです。国土を汚すということは、神を汚すということであり、わが国の伝統的思想である穢れ忌避思想に反することです。

『國體の本義』はなぜ書かれたか

山田孝雄氏の『肇國の精神』が『國體の本義』発刊の1年後の昭和13年（19

38年）に世に出たのは、戦争の足音がひしひしと押し寄せていたからです。

ヨーロッパでは、ポーランドがナチス・ドイツとの妥協を拒み続けた結果、翌1939年9月に戦端が開かれ、第二次世界大戦が始まりました。なぜ、ポーランドがナチス・ドイツとの妥協を拒んだのかは、近代史の大変興味深いテーマですが、本書では詳しく立ち入る紙幅がありませんでした。興味ある方は、拙著『国難の正体』（ビジネス社）や『知ってはならない近現代史の正体』（SB新書）などを参照ください。

ナチスと同盟を結んでいたわが国は、アメリカの意図的な挑発の結果、1941年12月に真珠湾を奇襲攻撃して、大東亜戦争に突入することになりました。重要な点は、アメリカの執拗な挑発の結果、我が国は真珠湾攻撃に踏み切らざるを得なかったことです。日本が先に一撃をしたとして、アメリカ議会は日本との戦争を容認したのです。

既に明らかにしたように、アメリカに戦争の口実を与えてしまった真珠湾攻撃は残念なことと言わざるを得ないのですが、最初の一撃を決行した日本が悪いのか、日本に対する挑発を続けたアメリカが邪悪なのか、常識的にはアメリカの罪が重いことがわかります。しかし、世界世論はそう解釈していないのです。いずれにせよ、戦争回避を訴えた『肇國の精神』は残念ながら戦争を防ぐことができませんでした。

１９４５年８月の敗戦によって、わが神国土は史上初めて外国勢力に支配されることになったのです。わが国が神の國であることを理解しない占領軍（ＧＨＱ）の支配は、二重の意味で神国にとって屈辱でした。一つは外国勢が神国を支配したこと、しかも軍人たちが神国を統治したことでした。

ＧＨＱがわが国の神国としての特徴を理解していなかったのはやむを得ないとしても、わが国政府が神国であることを忘れたかのように追随的態度を取ったことが、最も恥ずべき屈辱です。

ＧＨＱはわが国を神国として尊重するどころか、神国としての主権を放棄させました。神国である誇りを骨抜きにされて、今日に至ってしまったのです。だからこそ、安倍総理は「戦後レジームを脱却し、日本を取り戻す」と叫ばざるを得なかったのです。日本を取り戻すとは、神国日本を取り戻すということです。だから、安倍総理は暗殺されたのだと考えられます。神国日本を恐れているのは、ＧＨＱを操ったアメリカ系ユダヤ人のニューディーラーの末裔たち、すなわち共産主義者たちです。共産主義と神国思想とは水と油で、共存できません。

２０２４年11月まで、私たちが戦ってきた相手は、現在の共産主義者、すなわちグローバリストでした。彼らが目指す「世界新秩序」はグローバル市場による世界の統一で、マネーを独占的に握っているグローバリストたちが統一世界に君臨するという幻想です。かれらの儚《はかな》い夢が幻想である理由は、彼らは世界の超少数派であるという事実です。

彼らは神国日本を倒すことはできませんでした。何故なら、神国ではマネーは二次的な意味しか持っていないからです。私たちが神国であることに目覚めることができれば、グローバリストたちの幻想が世界の前に明らかになります。そのような視点から、本書の第1章を読み返していただければ、グローバリストの化けの皮を剝ぐことが容易になることでしょう。

神々の命とは

わが国が神から生まれたということの意味は、神から命を与えられたということです。神の命ということは、永遠の命ということです。永遠の命を与えられているという精神は、わが国は永遠に発展を続けなければならないということを意味します。

これすなわち、天照大御神の下された「天壌無窮の神勅」のことです。一時的にしか生存できなかったグローバリストの世界観とは180度相違しているのです。

以上に見たように、神から生まれた国土・国民・君主の三者は同じ血を有する血族として、相互に一体感を有し分離することができない関係にあります。日本国民がなぜ団結しているのかの答えがここにあります。

歴史的に見れば、日本人は決して純粋民族ではありません。様々な渡来人の血が混じっているのです。しかし、これら渡来人たちは日本に同化しました。同化したということは、血のみならず精神も同化したということです。

神国土は強固な同化力を備えているのです。第3章では、芥川龍之介の神国観について詳しく解説しました。芥川の言う「造り変える力」とは、神国が持つ同化力のことでした。

一旦日本に同化すれば、出生地の差異によって差別することはありません。山田孝雄氏は渡来人の子孫で日本人の模範になった人物を挙げていますが、そのうちの一人が坂上田村麻呂《さかのうえたむらまろ》です。

私たちは歴史教科書で坂上田村麻呂の活躍ぶりを習いますが、だれも彼が帰化人であることに気づいていないのです。坂上田村麻呂を「〇〇系日本人」とは決して言わない。そもそも、わが国には帰化人を「〇〇系日本人」と呼ぶ習慣はないのです。つまり、同化すればみな日本人なのです。現在の国会議員のなかにも帰化人や帰化人の子孫が少なからずいます。しかし、私たちは彼らを「日本人」と呼称し、「〇〇系日本人」とは誰も言わないのです。日本は純潔民族ではないが、単一民族なのです。帰化人が同化した単一民族の国家であるのです。

血の同化は精神の同化

最近皇統問題についての議論が盛んになったような気がします。皇統とは日本国家の神髄であることは言うまでもありません。国連の人権理事会が俎上に挙げた皇統は女性差別と言う國體破壊工作は、私たちに改めて皇統について考える機会を提供したように感じます。

第1章で詳しく検証しましたように、天孫降臨自体が皇統の神髄を余すことなく明示しているわけです。すなわち、降臨された天孫瓊瓊杵尊《ににぎのみこと》は、地上の神の娘と結婚されましたが、瓊瓊杵尊のことを「高天原系日本人」とは誰も言わなかったのです。瓊瓊杵尊は地上世界大和の国の神であるのです。

私たちは今現在も天壌無窮の精神を守りながら生きているのです。

『肇國の精神』は私たちの先祖供養の本質についても論じています。

先祖供養の重要さについては、第3章でご紹介した芥川龍之介がキリシタン物短編の『おぎん』で強調しているところです。

キリシタンの養父母に育てられた少女「おぎん」は、刑場で最後の転向の機会を与えられた時、キリシタンとして天国に召されるよりも、実の父母が堕ちている地獄へ行きたいと決心してキリスト教を捨て、結局養父母も「おぎん」に説得されて棄教したという話でした。

芥川龍之介はこの小説でキリスト教が日本で広まらなかった理由を説明しているのですが、同時に親子の絆の強固さをも示唆していることをここで補足しておきたいと思います。

ここに見られる親子の絆は、神国観の柱の一つです。私たちは親子の絆で互いに結ばれているのです。この絆は直近の親子の絆に限定されるものではありません。先祖を遡ること無限の親と絆で結ばれているのです。

逆にいえば、子孫の末代まで親子の絆が存在しているのです。ということは、私たちにとって親子の絆は永遠ということです。親子の絆は天皇との絆でもあり、国土との絆でもあります。つまり、私たちは天壌無窮のなかに生きているというわけです。

いま現在、天壌無窮の永遠のなかに生きているということは、「中今《なかいま》」の思想でもあります。過去も未来もすべていまに凝縮されているのです。

私たちは「いま」という永遠の命を生きているのです。私たち先祖の過去も、子孫の未来も、すべて現在に存在している。だからこそ、私たちの命は永遠なのです。第3章でも強調しましたが、悠久《ゆうきゅう》とはいまのことです。わが神国はいまの私たちのなかに存在し、永遠に古くならないのです。

古くならないということは、常に新しいということです。

私たちの時間はすべていまにあるのです。いまを認識することは過去と未来を軽んじることでは断じてありません。むしろ、いまに感得できなければ、過去も未来も存在しえないとすらいえるでしょう。

わが国は永遠の命を有し、それ故永遠に発展を続けることができるわけです。

わが国の開闢《かいびゃく》以来の歴史は、いまという「永遠」のなかで展開されているのです。

２０２５年以降の世界がどう展開してゆくかについて、すでに各国は生き残り方を模索しています。しかし、主要国の中で我が国のみは、世界と逆の方向に向かって驀進中なのです。以上に見てきたわが国の悠久の歴史を見れば、進むべき道は明白です。しかし、それにもかかわらず、その努力を怠っているのが現政権です。そこに付け入ろうとして、虎視眈々と日本を狙っている勢力が存在していることを忘れてはいけません。

彼らグローバリスト勢力は、今回のトランプ政権の誕生でいずれ消えてゆく運命にあります。そこで、彼らの人生の最後に当たりどのように生きるかが、問われているわけです。過去の悪行を反省し、悔悛《かいしゅん》する人もいるでしょう。しかし、悔悛できない人々はどうするのかを考えてみますと、私たちを道づれにすることを狙っていると注意するべきでしょう。

本書の基盤となっているトランプ大統領の勝利とは、アメリカ民主主義の勝利でもありました。アメリカは生き残りました。２０２５年以降の世界を、ロシアのプーチン大統領とともに、支えてゆくことになります。反民主主義の彼らが依っていた国連と言うグローバリズム推進機関は、存在価値を完全に失いました。アメリカのみならず、アルゼンチンなどの諸国がグローバリスト国連から脱退してゆくことになります。

国連そのものが、United Nations、すなわち第二次世界大戦の戦勝国の集団から、存在基盤を変貌させることでしょう。世界は独立主権国家が国連と言う屋根の下で共存する、八紘一宇の世界になることでしょう。この神武天皇が描かれた八紘一宇《はっこういちう》の世界の下で、人類は自らの生存を切磋研磨することが求められていると言えます。すべての国は、かけがえのない価値を持っています。それぞれの違った価値を有する国々が、役割分担を進めながら共存すると言う人類の理想が、やがて実現することになるでしょう。私たちはこのような人類文明の大転換期に遭遇しているのです。

本書が出版されるに至った意義は、まさにこの点にあります。人類文明の大転換期に生を受けた生きる私たちは、永遠の命を共に生きていることを、本書を終えるにあたり読者の方々と共有したいと願っています。

ありがとうございました。

馬渕睦夫（まぶち　むつお）

元駐ウクライナ兼モルドバ大使、元防衛大学校教授、元吉備国際大学客員教授。1946年京都府生まれ。京都大学法学部3年在学中に外務公務員採用上級試験に合格し、1968年外務省入省。1971年研修先のイギリス・ケンブリッジ大学経済学部卒業。2000年駐キューバ大使、2005年駐ウクライナ兼モルドバ大使を経て、2008年11月外務省退官。同年防衛大学校教授に就任し、2011年3月定年退職。2014年4月より2018年3月まで吉備国際大学客員教授。

著書に、『国難の正体』（総和社／新装版ビジネス社）、『天皇を戴くこの国のあり方を問う新国体論　精神再武装のすすめ』（ビジネス社）、『国際ニュースの読み方　コロナ危機後の「未来」がわかる！』（マガジンハウス）、『世界最終戦争の正体』『日本を危機に陥れる黒幕の正体』（宝島社）、『馬渕睦夫が読み解く　2024年世界の真実』『ディープステート』『歴史は繰り返す』（ワック）など多数。

馬渕睦夫《まぶちむつお》が読《よ》み解《と》く 2025年《ねん》世界《せかい》の真実《しんじつ》

ディープステートはトランプに敗《やぶ》れ、ついに自壊《じかい》へ！

2024年12月25日　初版発行

著　者　馬渕 睦夫

発行者　鈴木 隆一

発行所　ワック株式会社

東京都千代田区五番町 4 - 5　五番町コスモビル　〒102 - 0076
電話　03 - 5226 - 7622
http://web-wac.co.jp/

印刷製本　大日本印刷株式会社

ISBN978-4-89831-914-7